Jeremy Tate

Deficiências de segurança do ecossistema publicitário Android

Jeremy Tate

Deficiências de segurança do ecossistema publicitário Android

ScienciaScripts

Imprint

Cover image: www.ingimage.com

This book is a translation from the original published under ISBN 978-3-659-85311-1.

Publisher:
Sciencia Scripts
is a trademark of
Dodo Books Indian Ocean Ltd. and OmniScriptum S.R.L publishing group

120 High Road, East Finchley, London, N2 9ED, United Kingdom
Str. Armeneasca 28/1, office 1, Chisinau MD-2012, Republic of Moldova, Europe
Managing Directors: Ieva Konstantinova, Victoria Ursu
info@omniscriptum.com

Printed at: see last page
ISBN: 978-620-8-37404-4

Conteúdo

RESUMO

A segurança dos dispositivos móveis está a tornar-se cada vez mais importante à medida que o número de dispositivos utilizados continua a crescer e ultrapassou os mil milhões de dispositivos activos a nível mundial. Nesta tese, vamos investigar a segurança das aplicações Android suportadas por anúncios, as vulnerabilidades de segurança que foram identificadas na forma como esses anúncios são entregues ao dispositivo e as melhorias que podem ser feitas para proteger a privacidade do utilizador final. Para tal, discutiremos a arquitetura do Android e os ecossistemas de aplicações e anúncios nesses dispositivos. Para compreender melhor as ameaças aos dispositivos móveis, será efectuada uma análise das ameaças, investigando os diferentes vectores de ataque a que os dispositivos são susceptíveis. Esta análise também inclui um levantamento do trabalho existente que foi realizado no domínio da segurança do Android e das explorações baseadas na Web. Os ataques específicos que são detalhados nesta investigação são os ataques `addJavascriptInterface` contra um WebView utilizado para apresentar um anúncio e a fuga de informações do pedido de URL do anúncio. Estes vectores de ataque são discutidos em pormenor com estudos de aplicabilidade e viabilidade realizados. Os resultados destes ataques serão analisados com uma discussão sobre a metodologia utilizada para os obter. Para combater estes ataques, serão também discutidas potenciais soluções para mitigar as ameaças de ataque de vários ângulos, incluindo medidas que os utilizadores podem tomar para se protegerem, bem como alterações que devem ser feitas no próprio sistema operativo Android.

Agradecimentos

Gostaria de expressar a minha gratidão e apreço ao meu orientador e presidente da comissão, Dr. Charles Clancy, pela sua orientação e liderança durante todo o curso do meu mestrado. Os seus comentários e perguntas perspicazes orientaram grandemente a investigação que realizei, bem como melhoraram a minha experiência com a investigação.

Gostaria de agradecer aos membros da minha comissão, os Drs. David Levy e Wenjing Lou, pelos frequentes e frenéticos e-mails de última hora e pela assinatura de formulários que tiveram de fazer para que eu me pudesse formar. Agradeço também à Dra. Lou pela aula que leccionou, pois foi um dos pontos altos da minha experiência e abriu-me os olhos para a vasta investigação que tem sido realizada no domínio da segurança sem fios.

Gostaria também de agradecer aos meus pais, Ralph e Carolyn Tate, pelo seu apoio à distância e pelos e-mails de incentivo. Estou extremamente grata ao meu pai por não me ter deixado desistir quando o trabalho era difícil e as noites longas. Obrigado também pelo modelo de como ser um estudante diligente e ter a persistência necessária para não desistir.

E, mais importante, gostaria também de agradecer à minha mulher, Luice, por ter confiado na orientação que Deus me deu para deixar o meu emprego e prosseguir os meus estudos a tempo inteiro. Obrigado por compreenderes todas as noites tardias e as desculpas "Não posso ir, tenho trabalhos de casa" que recebeste. O vosso apoio permitiu-me concluir este curso.

Capítulo 1

Introdução

Há muitas razões pelas quais a segurança dos telemóveis é importante. Nesta tese, vamos explorar as vulnerabilidades encontradas nas aplicações Android, especificamente na forma como os anúncios são apresentados nas aplicações e como comunicam através da Internet. Esta investigação identificou dois vectores de ataque, os ataques `addJavascriptInterface` contra um WebView utilizado para apresentar um anúncio e a fuga de informações do pedido de URL do anúncio. Documentamos os resultados dos ataques contra uma variedade de diferentes telemóveis Android, bem como detalhamos os requisitos para realizar cada um destes ataques. Mais importante ainda, incluímos uma discussão sobre as medidas que podem ser tomadas pelo utilizador para se proteger de tais ataques, bem como recomendações para os programadores de aplicações em termos de melhores práticas de software. Também consideramos as alterações que a Google poderia fazer ao sistema operativo Android para o tornar uma plataforma mais segura para a distribuição de anúncios.

1.1 Descrição do problema

Os dispositivos móveis estão a tornar-se uma parte cada vez maior da nossa vida individual e quotidiana. Consequentemente, confiamos-lhes cada vez mais dados pessoais; tudo, desde informações de contacto dos nossos amigos e familiares, informações médicas e de saúde a dados bancários e financeiros. Praticamente tudo sobre nós está armazenado nos nossos dispositivos móveis. Além disso, também estão connosco a maior parte do tempo, permitindo-nos aceder ao nosso correio eletrónico e aos nossos jogos a qualquer momento. No entanto, há também uma desvantagem em ter dispositivos móveis sempre presentes, que é a possibilidade de utilizadores maliciosos explorarem diferentes vulnerabilidades para seu proveito. Para suportar o vasto número de aplicações móveis, ou aplicações, que estão disponíveis em várias lojas de aplicações, a publicidade móvel é frequentemente utilizada. Embora tenha havido investigação significativa noutras áreas do ecossistema e do sistema operativo Android, as implicações da utilização generalizada de anúncios nas aplicações não foram investigadas. Esta tese abordará essa lacuna e investigará dois ataques diferentes contra a exibição de anúncios em aplicações. Os anúncios constituem uma via única através da qual é possível obter acesso a dispositivos móveis e aos seus conteúdos, tanto por meios activos como passivos. Os anúncios são normalmente entregues a dispositivos móveis através de ligações HTTP simples e são apresentados como páginas HTML, frequentemente com Javascript para permitir o rastreio analítico. Estes vectores oferecem oportunidades a potenciais ataques para obter acesso ao dispositivo e comprometê-lo de alguma forma.

Os anúncios são entregues a uma aplicação através de uma biblioteca de anúncios, que é uma aplicação separada que um programador integra no seu próprio trabalho. Estas bibliotecas de anúncios interagem depois com a rede de publicidade para obter o anúncio que será apresentado ao utilizador.

1.2 Motivação

O Android é o sistema operativo móvel mais popular do mundo, com mais de mil milhões de dispositivos activos. O mercado digital mais popular, ou loja de aplicações, para Android é a Google Play Store, onde existem mais de 1,3 milhões de aplicações, das quais 1,1 milhões são gratuitas. Dessas aplicações gratuitas, mais de 700 000, ou seja, 63%, são suportadas por publicidade [1, 2]. Estes números têm vindo a aumentar continuamente desde a introdução da plataforma móvel. Uma vez que as aplicações suportadas por publicidade representam uma parte tão significativa, é importante compreender as implicações de segurança da forma como as bibliotecas que suportam a publicidade afectam a segurança da aplicação, bem como do dispositivo móvel em que está a ser executada.

Além disso, devido à natureza dos dispositivos móveis e à norma social que se desenvolveu de os trazermos sempre connosco, as explorações que visam esses dispositivos têm mais potencial para causar danos do que outros dispositivos informáticos, uma vez que os dispositivos móveis são capazes de nos localizar através da rede celular e das coordenadas GPS. Investigamos estas possibilidades e procuramos limitar a sua exposição aos atacantes e tornar o mercado mais seguro para os utilizadores.

1.3 Abordagem

A abordagem adoptada para esta investigação foi o desenvolvimento de uma aplicação autónoma que foi utilizada na análise da execução de código através de WebViews e da `addJavascriptInterface` que expõe métodos Java ao Javascript. Esta mesma aplicação foi também utilizada como ponto de recolha de dados para analisar as informações pessoais que duas bibliotecas de anúncios diferentes enviaram como parte do seu pedido de exibição de anúncios: MoPub e AdMob. A partir deste ponto, as lições e abordagens aprendidas foram aplicadas a aplicações comerciais que utilizavam as mesmas bibliotecas de anúncios para determinar a aplicabilidade de um ataque deste tipo no mundo real.

1.4 Importância da investigação

As aplicações suportadas por anúncios vieram para ficar e esta investigação contribui para a base de conhecimentos sobre como manter os consumidores seguros e as suas informações pessoais fora das mãos de potenciais malfeitores. Para o efeito, mostramos as vulnerabilidades presentes no WebView do Android utilizando a `interface` `addJavascriptInterface`. Por fim, propomos soluções para as vulnerabilidades acima referidas, a fim de mitigar os seus riscos, e fornecemos recomendações que podem ser tomadas tanto pelos utilizadores como pelos programadores para minimizar a perda de dados pessoais, bem como para fazer progredir o trabalho no sentido de um ecossistema de publicidade mais seguro.

O principal trabalho realizado nesta área foi o de Grace et al. em [16], que foram os primeiros a descrever o comportamento inseguro das redes de anúncios e os riscos a que expõem os utilizadores das aplicações. Os trabalhos realizados por Pearce em [29] e Shekhar em [33] investigam a possibilidade de separar uma biblioteca de anúncios da aplicação que a acompanha.

Este trabalho baseia-se no que foi feito por estes e outros investigadores, examinando em pormenor as informações que são divulgadas especificamente pelo URL do pedido de anúncio. Os outros trabalhos criaram ferramentas de análise estática para examinar bibliotecas de anúncios e encontrar potenciais caminhos entre dados privados e sumidouros de rede, indicando a possibilidade de perda de informações pessoais para a rede de anúncios; não foi dada especial atenção às informações enviadas durante o processo de pedido de anúncios. Este trabalho parte do princípio de que a rede de publicidade é benigna, com adversários nas imediações do dispositivo alvo capazes de escutar o pedido.

Esta investigação também se baseia no conhecimento do ataque `addJavascriptInterface`, detalhando a sua aplicabilidade às WebViews utilizadas para apresentar anúncios nas aplicações.

1.5 Organização da investigação

Esta investigação está organizada da seguinte forma. O Capítulo 2 aborda os antecedentes, incluindo a arquitetura do sistema operativo Android, o ecossistema de aplicações e o ecossistema de anúncios. A partir daí, passamos ao Capítulo 3 para analisar as diferentes superfícies de ameaça que existem no Android e discutir trabalhos anteriores nesta área. O

Capítulo 4 analisa em pormenor os dois ataques diferentes que foram identificados como parte desta investigação, sendo os resultados apresentados no Capítulo 5. Com as vulnerabilidades descritas, as recomendações sobre como mitigar esses vectores de ataque são descritas no Capítulo 6. Por fim, no Capítulo 7, são apresentadas as considerações finais. No Apêndice A são apresentados exemplos completos de URLs de pedidos de anúncios.

Capítulo 2

Antecedentes

Este capítulo familiariza o leitor com a base das tecnologias que são utilizadas tanto no sistema operativo Android como nas redes de publicidade e nos ecossistemas de aplicações.

2.1 Arquitetura do sistema operativo Android

A Figura 2.1 mostra a arquitetura completa do Android dividida nos seus cinco componentes principais. Os componentes são o kernel do Linux, as bibliotecas e o tempo de execução do Android, a estrutura da aplicação e, por último, as aplicações.

2.1.1 Kernel Linux

O kernel constitui a base do sistema operativo, permitindo a execução de todos os processos de nível superior. É neste nível que é controlada a responsabilidade pela gestão das interações hardware/software. Os comandos emitidos pelas aplicações executadas no dispositivo são traduzidos em

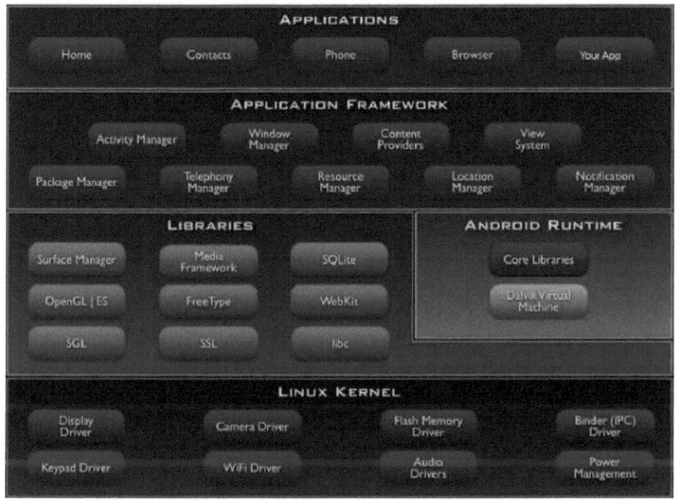

Figura 2.1: Arquitetura do Android [13]. (Google. Android, a plataforma móvel mais popular do mundo. 2014. url: http://developer.android.com/about/index.html (visitado em 30/10/2014). Usado sob uso justo, 2014).

sinais de controlo que são enviados para os componentes físicos que constituem o dispositivo. Devido a esta natureza crítica, o kernel é carregado e funciona a partir de um local protegido na memória, onde tem mais controlo do que outros programas e aplicações no dispositivo.

Os kernels também são responsáveis pela gestão dos recursos do sistema que podem ser solicitados por diferentes processos. Esta funcionalidade fornece uma abstração dos detalhes de como controlar o hardware para simplificar o desenvolvimento. O Android foi originalmente baseado no kernel Linux v2.6, mas desde então tem sido atualizado para versões mais recentes; a versão específica do kernel depende do dispositivo Android e do chipset de destino, utilizando versões tão recentes como a v3.4.

O Linux é um kernel monolítico, em que todo o sistema operativo funciona nos privilégios elevados do espaço do kernel. O espaço do kernel é estritamente reservado para o funcionamento de código privilegiado elevado que é necessário para interagir com o hardware do dispositivo. Isto contrasta com o espaço do utilizador, que é onde as aplicações funcionam. Esta separação foi criada para garantir a segurança do sistema operativo. A arquitetura monolítica distingue-se de outras arquitecturas de sistemas operativos por proporcionar uma interface única através da qual as aplicações de nível superior acedem ao hardware. Todos os serviços do sistema operativo, como a gestão dos processos e da memória e a ordem de execução, são controlados pelo kernel, em vez de o serem a níveis superiores, como acontece noutros modelos.

O kernel Linux foi inicialmente desenvolvido por Linus Torvalds em 1991 e desde então tem sido expandido para suportar uma grande variedade de arquitecturas informáticas, sendo implementado em sistemas informáticos convencionais, bem como em dispositivos incorporados, tais como routers e dispositivos móveis. Embora o desenvolvimento inicial tenha sido efectuado apenas por Torvalds, desde então tem sido expandido por uma comunidade global de voluntários e colaboradores através da libertação do código sob uma licença pública.

Utilizando a versão desktop do kernel, a Google efectuou modificações específicas para aumentar a duração da bateria, mantendo o desempenho em dispositivos móveis com recursos limitados. Para além destas alterações, os fabricantes de dispositivos e os operadores têm requisitos de software adicionais para interagir com os chipsets de banda base específicos utilizados nos seus dispositivos.

O sistema de ficheiros do Android é montado em várias localizações diferentes, separando os dados do utilizador do sistema operativo, estando os ficheiros do sistema operativo marcados como só de leitura. Ao contrário das versões desktop do Linux, os utilizadores do Android não têm acesso à raiz do dispositivo e têm de recorrer à exploração de falhas de segurança para obter acesso.

2.1.2 Bibliotecas

As bibliotecas constituem a base do software de nível superior. As bibliotecas são uma coleção de funções ou métodos escritos numa linguagem de programação específica que são definidos por uma interface, ou seja, as especificidades da funcionalidade disponível e a forma de a utilizar são estáticas e bem definidas. A interface também determina o tipo de dados que está a ser enviado para trás e para a frente entre os componentes do sistema. As bibliotecas fornecem normalmente uma funcionalidade de baixo nível do sistema operativo ao resto do sistema como um todo, como a utilização de SSL ou SQLite, ou a reprodução de um ficheiro áudio. Isto permite que as linguagens de programação superiores utilizem estas caraterísticas comuns sem terem de as implementar novamente

Outra vantagem das interfaces é que os pormenores dos requisitos de implementação subjacentes a uma plataforma específica não têm qualquer influência nas linguagens de nível superior. Esta separação entre as camadas de software e o hardware permite que as implementações de bibliotecas específicas mudem, mas que o software que delas depende permaneça constante em todas as plataformas de hardware e dispositivos. Isto conduz a uma base de código modular que facilita a distribuição e a manutenção do código.

2.1.3 Tempo de execução do Android

Como todas as aplicações Android são escritas em Java, são compiladas em bytecode Java para uma máquina virtual Java. O bytecode Java é depois traduzido e armazenado num ficheiro executável Dalvik (.dex), concebido para sistemas como os dispositivos móveis, que têm limitações em termos de velocidade de processamento e de memória. Para o efeito, procede à compilação de Java à medida que a aplicação é lançada, um processo conhecido como "just-in-time". Também são efectuadas optimizações para aumentar o desempenho. Isto proporciona uma melhoria do desempenho em comparação com a utilização da máquina virtual Java normal [23].

O módulo Android Runtime (ART) substituiu a máquina virtual Dalvik na última versão do Android, a versão 5.0 "Lollipop". Com ele, foram introduzidas várias melhorias de desempenho, incluindo a compilação antecipada do código da aplicação, bem como o potencial para optimizações melhoradas do código. Isto é feito quando a aplicação é instalada pela primeira vez e requer processamento adicional e espaço adicional. Os resultados destas melhorias mostraram que os resultados iniciais são até duas vezes mais rápidos do que os de um dispositivo baseado em Dalvik [9].

2.1.4 Quadro de aplicação

Esta camada constitui a base do kit de desenvolvimento de software Android, ou SDK, que os programadores utilizam para criar as suas próprias aplicações. O SDK do Android é mantido e publicado pela Google, sendo cada versão lançada ao público ao abrigo de uma licença de código aberto. Uma vez lançada a versão mais recente do Android, os fabricantes de dispositivos e os operadores de rede trabalham para acrescentar funcionalidades adicionais aos seus dispositivos, bem como para incluir os componentes necessários para permitir que o dispositivo funcione na sua rede celular, bem como a banda de base que foi incluída em cada modelo específico. A natureza de código aberto do Android também contribuiu significativamente para o corpo de investigação que foi conduzido para esta plataforma, o que, por sua vez, melhorou significativamente a segurança geral.

Utilizando os componentes do SDK, os programadores individuais podem criar a sua própria aplicação. O SDK baseia-se na funcionalidade da biblioteca e fornece uma camada adicional de abstração. Especificamente, os detalhes de como reproduzir um vídeo, ler o ficheiro da memória, descodificá-lo e apresentá-lo no ecrã, são todos tratados pelo SDK. Isto permite que os programadores utilizem partes comuns da funcionalidade para desenvolverem as suas próprias aplicações mais rapidamente.

Por defeito, uma aplicação é executada num único processo, mas podem ser especificadas actividades e serviços específicos para serem executados em processos diferentes [11]. Isto é feito para evitar que os dados do utilizador de cada aplicação interajam e interfiram uns com os outros, utilizando a separação de dados do utilizador do Linux. Por predefinição, todas as aplicações são executadas no thread principal da IU no dispositivo. Uma exceção a esta política são as tarefas assíncronas, que devem ser colocadas na sua própria thread para não interferirem com os eventos da IU.

As mensagens entre diferentes aplicações são tratadas com chamadas de Comunicação entre processos (IPC), utilizando a interface `IBinder`. Uma das formas de utilização das chamadas IPC consiste em utilizar funcionalidades contidas numa aplicação diferente, como uma aplicação de sistemas que controla as definições de localização do utilizador. Outras chamadas IPC contêm mensagens enviadas por uma aplicação para outra para indicar que ocorreu um evento e que é necessário processamento adicional para concluir o pedido do utilizador.

As mensagens entre componentes da mesma aplicação podem utilizar qualquer número de opções de comunicação ligeiras, uma vez que não é necessária a persistência. Estas podem incluir tipos de dados primitivos, bem como objectos não persistentes. Estas mensagens são transmitidas utilizando Intents, um objeto de dados de pacote que é efetivamente um mapa de hash utilizando uma chave conhecida e os dados. Os componentes do lado recetor indexam o mapa de hash com a chave que lhes foi transmitida para recuperar o objeto de dados.

2.1.5 Aplicações

O software executado na camada de Aplicação é tudo aquilo com que o utilizador interage enquanto está no seu dispositivo móvel. Isto inclui tudo, desde o marcador do telefone aos contactos e à aplicação do Facebook e do Twitter. Também são executadas nesta camada as partes das aplicações que não têm interação com o utilizador. Estas incluem serviços e tarefas assíncronas. Os serviços são componentes de aplicações que estão sempre em execução em segundo plano, executando tarefas sobre as quais o utilizador não tem controlo direto, como um cliente de correio eletrónico que ouve e aguarda a chegada de novo correio. As tarefas assíncronas são aquelas que têm um início e um fim específicos e bem definidos, como o carregamento de um vídeo para o Facebook ou o descarregamento de um álbum de música que acabou de ser comprado.

As aplicações são compostas por uma ou mais actividades, que são o componente básico da interface do utilizador, combinadas com outras funcionalidades a nível do sistema. Uma atividade é o único elemento que um utilizador vê de uma aplicação específica e contém toda a informação que lhe é transmitida. Um exemplo de atividade da aplicação utilizada nesta investigação pode ser visto na Figura 2.2. Como se pode ver na figura, há uma coleção de botões e texto. Elementos como gráficos e imagens também são comuns nas actividades.

As aplicações são escritas na linguagem de programação Java com algumas funcionalidades adicionais para código C/C++ através da utilização do Kit de desenvolvimento nativo (NDK). A Google desaconselha vivamente o desenvolvimento de aplicações que utilizem principalmente o NDK e, em vez disso, incentiva os programadores a portarem o seu código C e C++ para Java, se possível. Isto deve-se ao aumento da complexidade que resulta da existência de partes de código nativo numa aplicação, sem melhorar significativamente o desempenho. A utilização do NDK faz sentido para componentes que são altamente intensivos em termos de CPU, como motores de jogos e processamento de sinais.

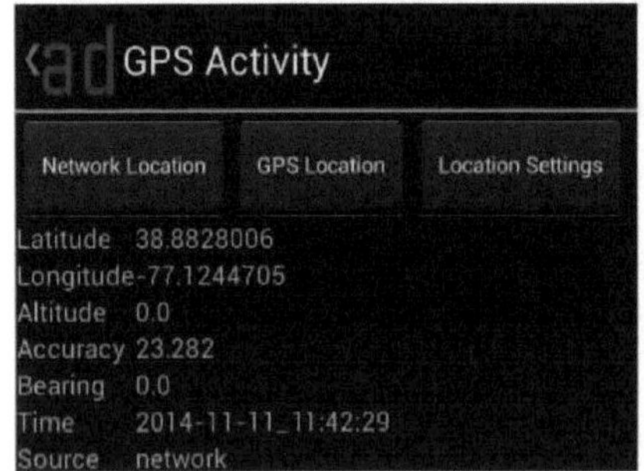

Figura 2.2: Exemplo de uma atividade que mostra os detalhes da localização do dispositivo com base na rede celular. Também são visíveis os botões que mostram a localização GPS e de rede, bem como a ligação às definições de localização do dispositivo para configurar as funcionalidades disponíveis para as aplicações.

2.2 Ecossistema de aplicações Android

As aplicações são disponibilizadas aos dispositivos móveis através de mercados digitais. O mercado oficial do Android é a Google Play Store. A partir da Google Play Store, os utilizadores podem transferir e instalar uma variedade de aplicações relacionadas com tudo, desde serviços bancários móveis e entretenimento a jogos e redes sociais. A Google mantém a Play Store verificando as aplicações submetidas quanto a conteúdo e comportamento malicioso, bem como inspeccionando as aplicações que foram assinaladas por outros utilizadores como potencialmente violadoras de uma parte dos Termos de Serviço do Google Play. O comportamento intencionalmente enganador ou malicioso de uma aplicação é proibido na loja. As melhorias introduzidas nestes procedimentos ao longo dos anos diminuíram a prevalência de aplicações maliciosas na Play Store, aumentando a confiança dos clientes na segurança dos conteúdos.

Existem 26 categorias diferentes de aplicações, com mais 18 categorias só para jogos. Na Play Store, existem 1,3 milhões de aplicações, das quais 1,1 milhões são gratuitas [2]. Das aplicações gratuitas, cerca de 700 000 são suportadas por publicidade [1]. Uma fonte adicional de receitas disponível para os criadores de aplicações é a oferta de compras na aplicação que permitem obter conteúdos adicionais.

As aplicações também são disponibilizadas através de mercados de terceiros que são alojados por uma variedade de outros fornecedores. Dependendo dos termos destes mercados de terceiros, estes contêm muitas vezes aplicações que foram recusadas na Google Play Store e são também susceptíveis de conter aplicações com conteúdo malicioso [41].

2.3 Ecossistema de publicidade Android

O ecossistema de anúncios tem duas componentes principais. O primeiro é a arquitetura subjacente que transmite o pedido de anúncio do dispositivo do utilizador para o anunciante que pretende mostrar-lhe um anúncio específico e a resposta que inclui esse anúncio. O outro componente é a biblioteca de anúncios que é empacotada juntamente com a aplicação que os utilizadores descarregam e instalam. Este conjunto de ficheiros comunica com a rede de publicidade, transmitindo os pedidos de anúncios e é responsável pela apresentação dos anúncios quando estes são recebidos.

2.3.1 Arquitetura

Quando um utilizador abre uma aplicação suportada por anúncios que descarregou do mercado digital, há vários passos que são dados antes de o anúncio ser apresentado ao utilizador no espaço designado para o anúncio. Os anunciantes trabalham com empresas de corretagem de anúncios, também chamadas redes de anúncios, como as duas investigadas nesta pesquisa: AdMob do Google e MoPub do Twitter. Os criadores de aplicações registam a sua aplicação na rede de publicidade e recebem um identificador único para cada espaço publicitário que pretendam adicionar à sua aplicação. Estes podem ser de vários tamanhos, desde pequenos banners até ao ecrã inteiro, e podem alojar uma variedade de conteúdos, como vídeos e imagens. O identificador único

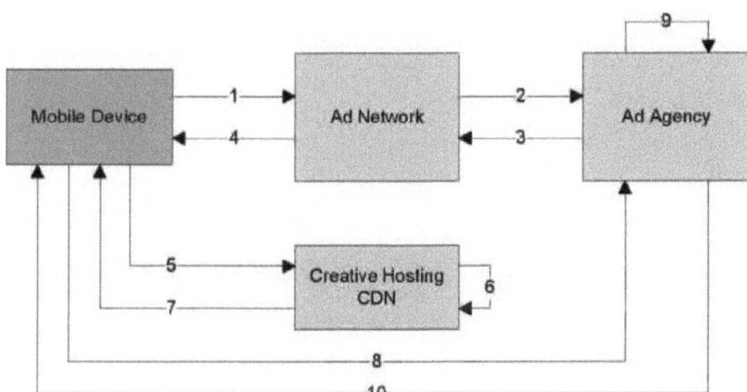

Figura 2.3: A arquitetura de uma rede clássica de distribuição de anúncios. Os passos 1 e 2 são o anúncio solicitado pela aplicação. Os passos 3 e 4 são a resposta dos anunciantes com um endereço para um anúncio específico que está potencialmente alojado numa rede diferente. O anúncio é então recuperado nas etapas 5-7 antes de ser apresentado ao utilizador. As etapas 8-10 recuperam opcionalmente informações analíticas e de controlo adicionais do anunciante.

O id do anúncio é utilizado para fins de rastreio pela rede de publicidade para contar as impressões efectuadas, uma vez que pode haver alturas em que é solicitado um anúncio e não é feita qualquer impressão, e para garantir o pagamento adequado ao programador da aplicação. Uma impressão é uma apresentação bem sucedida de um anúncio na aplicação. Quando uma impressão é efectuada, o anunciante paga uma taxa à rede de publicidade para apresentar o anúncio e o programador recebe uma parte dessa taxa. Os programadores também recebem uma taxa quando os utilizadores clicam num anúncio. Os identificadores únicos de anúncios também permitem que as redes de publicidade criem perfis para dispositivos móveis e utilizadores específicos, a fim de adaptar os tipos e o conteúdo dos anúncios que lhes são apresentados, com o objetivo de aumentar a eficácia dos anúncios para transformar a impressão de um espetador numa venda ou numa ação. Estas são chamadas conversões e são o resultado de uma ação que o utilizador realiza no sítio Web indicado num anúncio. Para alguns sítios, uma conversão não significa que o utilizador comprou algo, mas sim que visualizou um conteúdo específico ou realizou uma ação específica.

O processo de distribuição de anúncios é ilustrado na Figura 2.3. O processo começa quando a aplicação suportada pelo anúncio faz um pedido de anúncio à rede de publicidade (Passo 1). A rede de publicidade seleciona então um anúncio que será enviado ao utilizador. A rede de publicidade pode, em vez disso, utilizar um sistema de licitação em tempo real que ajusta dinamicamente os preços que os anunciantes pagam para que os utilizadores vejam os seus anúncios, mas também lhes dá a oportunidade de aceder a utilizadores de maior valor com dados demográficos específicos (passos 2-3). Depois de o anúncio ter sido selecionado, a rede de publicidade envia o endereço do anúncio para a aplicação do utilizador (Passo 4). Em seguida, a aplicação resolve este endereço com a rede de distribuição de conteúdos ou com uma parte diferente da rede de publicidade (passo 5), que o conta como uma impressão (passo 6). As impressões são medidas pelas quais os programadores e as redes de publicidade são pagos pelo anunciante. O anúncio é então enviado para o utilizador, onde é apresentado na aplicação (Passo 7). Dependendo da arquitetura da rede de publicidade e da análise que foi activada, podem ser necessários passos adicionais para contactar o anunciante e concluir o pedido de anúncio (passos 8-10) [20, 32].

Ao nível da aplicação, a arquitetura da inclusão de uma biblioteca de anúncios pode ser vista na Figura 2.4. A aplicação é criada por uma equipa de programadores, utilizando o Android SDK através de uma série de chamadas à API. Estas chamadas à API são feitas a partir de Actividades, unidades básicas da interface do utilizador. Quando são adicionados anúncios à aplicação, os programadores descarregam e empacotam uma biblioteca adicional juntamente com o resto do seu código, que é a biblioteca de anúncios. A partir da atividade, são feitas chamadas para a biblioteca de anúncios para solicitar e carregar anúncios. Quando é devolvida uma resposta da rede de anúncios, é feito um pedido secundário para carregar o anúncio real, que é depois apresentado ao utilizador.

2.3.2 Bibliotecas

Existem diferentes bibliotecas de anúncios disponíveis para os programadores incluírem nas suas aplicações. As mais populares estão listadas na Tabela 2.1. Note-se também que é possível que uma aplicação tenha várias bibliotecas de anúncios, com [26] a mostrar algumas aplicações que contêm até 28 bibliotecas de anúncios diferentes.

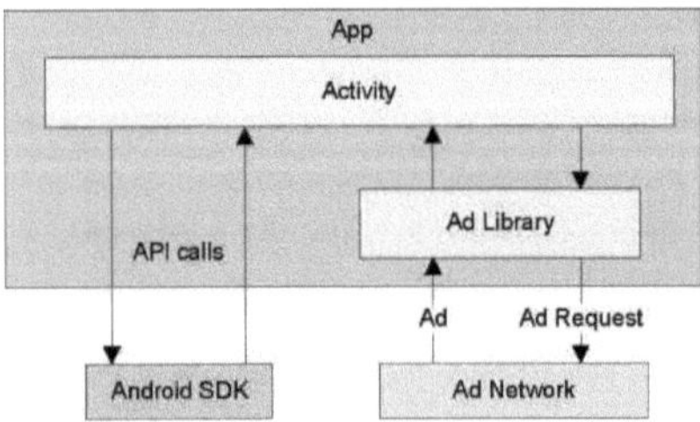

Figura 2.4: Arquitetura de anúncios atual com a biblioteca de anúncios incluída na aplicação.

Tabela 2.1: As dez redes de anúncios mais populares para Android de acordo com [1]. As bibliotecas de anúncios que foram investigadas neste trabalho, AdMob e MoPub, foram assinaladas a negrito. (AppBrain. Redes de anúncios para Android. 2014. url: `http:// www.appbrain.com/stats/libraries/ad` (visitado em 17/10/2014). Usado sob uso justo, 2014).

Nome	% de aplicações	% de instalações
AdMob	37.78	39.56
Meios de comunicação social da geração Y	3.3	11.04
Charboost	2.7	9.95
InMobi	3.09	9.84
TapJoy	1.55	8.24
MoPub	1.39	7.33
AdColony	1.07	5.47
Vungle	0.61	4.02
MobileAppTracker	0.47	3.47
Amazon Mobile	0.64	3.27

bibliotecas.

No âmbito desta tese, foram investigadas duas bibliotecas de anúncios: AdMob e MoPub. De acordo com a listagem da Tabela 2.1, a AdMob é a rede de anúncios mais popular, enquanto a MoPub é menos comum e aparece em sexto lugar. A AdMob pertence ao Google e é de código fechado, enquanto a MoPub é de código aberto e pertence ao Twitter. A MoPub é muito menos comum no espaço das redes de publicidade por ter uma biblioteca de código aberto. A maioria das outras bibliotecas de anúncios é de código fechado. Parte da razão pela qual optámos por analisar a MoPub deve-se, em parte, ao facto de ser uma biblioteca de código aberto.

```
View tempView = findViewById(R.id.bannerAdView_1);
moPubBannerView = (MoPubView) tempView;

moPubBannerView.setAdUnitId(AD_UNIT_ID);
moPubBannerView.loadAd();
```

Figure 2.5: Amostra de código de uma aplicação de teste que apresenta um banner publicitário utilizando a biblioteca MoPub. O valor `AD_UNIT_ID` é fornecido pela MoPub quando o bloco de anúncios é registado no seu serviço e é único para cada bloco de anúncios.

natureza da fonte.

Para aceder à rede de publicidade, os criadores de aplicações devem utilizar a biblioteca Java específica fornecida pela rede. Isto permite-lhes receber anúncios e apresentá-los aos utilizadores. Embora exista alguma capacidade de comunicar com redes de anúncios que não criaram também a biblioteca de anúncios, não existe uma abordagem comum para criar e apresentar anúncios numa aplicação no Android. Esta arquitetura de subconteúdo é geralmente configurada de modo a que a rede de publicidade menos popular comunique e recupere anúncios da rede de publicidade mais popular. Assim, uma configuração que é possível no painel de controlo MoPub disponível para os programadores é uma definição para utilizar a rede AdMob para apresentar anúncios.

Na Figura 2.5 é apresentado um exemplo de código da biblioteca MoPub para apresentar um banner publicitário na aplicação. O `AD_UNIT_ID` foi fornecido pela MoPub quando o espaço de anúncio foi registado. Na Figura 2.6 é apresentado um mecanismo de criação de anúncios semelhante com a biblioteca de anúncios da AdMob. Também para este anúncio, o `AD_UNIT_ID` foi fornecido quando o anúncio foi registado na rede. Repare na estrutura diferente e na utilização de um mecanismo `Builder`.

2.3. 3Protocolos

Ao analisar cada uma destas bibliotecas, foram recolhidas amostras de captura de pacotes da aplicação de teste para cada uma das bibliotecas. Os anúncios foram separados para serem estudados de forma independente. Após

```
AdView adView;
adView = new AdView(this);
adView.setAdSize(AdSize.BANNER);
adView.setAdUnitId(AD_UNIT_ID);

// Create an ad request.
AdRequest adRequest = new AdRequest.Builder().build();

// Start loading the ad in the background.
adView.loadAd(adRequest);
```

Figure 2.6: Amostra de código de uma aplicação de teste que apresenta um banner publicitário utilizando a biblioteca AdMob. O valor `AD_UNIT_ID` é fornecido pela AdMob quando o bloco de anúncios é registado no seu serviço e é único para cada bloco de anúncios.

Analisando as comunicações das bibliotecas de anúncios, determinou-se que a MoPub utilizava principalmente protocolos HTTP e TCP na comunicação com os seus servidores. A AdMob utilizou os mesmos protocolos, para além de encriptar o seu tráfego com TLSv1. Ambas as bibliotecas seguiram caminhos de resposta a consultas DNS padrão como parte da inicialização do pedido de anúncio. Estão disponíveis mais detalhes na Secção 5.5.

No conjunto das Figuras 2.7, 2.8, 2.9 e 2.10, vemos exemplos de traços de captura de pacotes de ambas as bibliotecas de anúncios. As Figuras 2.7 e 2.8 mostram trechos da biblioteca MoPub. Note-se que nestas figuras não há utilização de encriptação. Na Figura 2.7, é possível ver o pedido de DNS no pacote 12 e a resposta no 16.

As Figuras 2.9 e 2.10 detalham o rastreamento de pacotes da biblioteca AdMob. Nessas figuras, o uso de criptografia pode ser visto pelo uso de pacotes TLSv1. Após o pedido inicial de anúncio, todos os pacotes subsequentes foram encriptados, incluindo a resposta ao anúncio que foi enviada pela rede de anúncios.

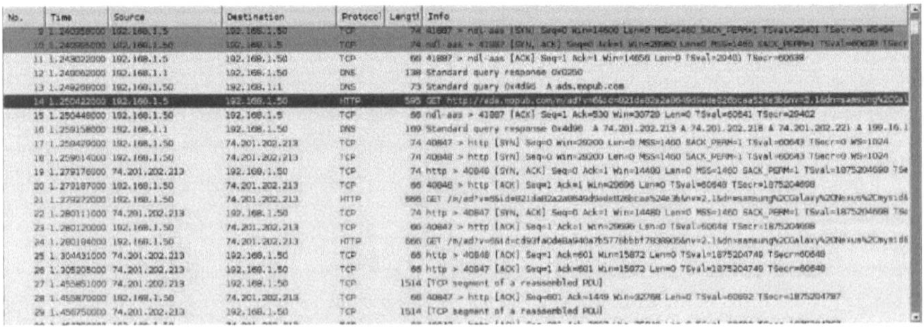

No.	Time	Source	Destination	Protocol	Length	Info
9	1.240358000	192.168.1.5	192.168.1.50	TCP	74	41887 > ndl-aas [SYN] Seq=0 Win=14600 Len=0 MSS=1460 SACK_PERM=1 TSval=29401 TSecr=0 WS=64
10	1.240988000	192.168.1.50	192.168.1.5	TCP	74	ndl-aas > 41887 [SYN, ACK] Seq=0 Ack=1 Win=28960 Len=0 MSS=1460 SACK_PERM=1 TSval=60638 TSecr
11	1.243022000	192.168.1.5	192.168.1.50	TCP	66	41887 > ndl-aas [ACK] Seq=1 Ack=1 Win=14656 Len=0 TSval=29401 TSecr=60638
12	1.249062000	192.168.1.1	192.168.1.50	DNS	138	Standard query response 0x0250
13	1.249268000	192.168.1.50	192.168.1.1	DNS	73	Standard query 0x4d98 A ads.mopub.com
14	1.250422000	192.168.1.5	192.168.1.50	HTTP	595	GET http://ads.mopub.com/m/ad?v=6&id=821da82a2a0649d9ade8260caa524e3b&nv=2.1&dn=samsung%2CGal
15	1.250448000	192.168.1.50	192.168.1.5	TCP	66	ndl-aas > 41887 [ACK] Seq=1 Ack=530 Win=30720 Len=0 TSval=60641 TSecr=29402
16	1.259158000	192.168.1.1	192.168.1.50	DNS	109	Standard query response 0x4d98 A 74.201.202.213 A 74.201.202.218 A 74.201.202.221 A 199.16.1
17	1.259420000	192.168.1.50	74.201.202.213	TCP	74	40847 > http [SYN] Seq=0 Win=29200 Len=0 MSS=1460 SACK_PERM=1 TSval=60643 TSecr=0 WS=1024
18	1.259614000	192.168.1.50	74.201.202.213	TCP	74	40848 > http [SYN] Seq=0 Win=29200 Len=0 MSS=1460 SACK_PERM=1 TSval=60643 TSecr=0 WS=1024
19	1.279176000	74.201.202.213	192.168.1.50	TCP	74	http > 40848 [SYN, ACK] Seq=0 Ack=1 Win=14480 Len=0 MSS=1460 SACK_PERM=1 TSval=1875204698 TSe
20	1.279187000	192.168.1.50	74.201.202.213	TCP	66	40848 > http [ACK] Seq=1 Ack=1 Win=29696 Len=0 TSval=60648 TSecr=1875204698
21	1.279272000	192.168.1.50	74.201.202.213	HTTP	666	GET /m/ad?v=6&id=821da82a2a0649d9ade8260caa524e3b&nv=2.1&dn=samsung%2CGalaxy%20Nexus%2Cmysid&
22	1.280111000	74.201.202.213	192.168.1.50	TCP	74	http > 40847 [SYN, ACK] Seq=0 Ack=1 Win=14480 Len=0 MSS=1460 SACK_PERM=1 TSval=1875204698 TSe
23	1.280120000	192.168.1.50	74.201.202.213	TCP	66	40847 > http [ACK] Seq=1 Ack=1 Win=29696 Len=0 TSval=60648 TSecr=1875204698
24	1.280184000	192.168.1.50	74.201.202.213	HTTP	666	GET /m/ad?v=6&id=cd93fa0de8a940a7b5776bbbf783890&nv=2.1&dn=samsung%2CGalaxy%20Nexus%2Cmysid&
25	1.304431000	74.201.202.213	192.168.1.50	TCP	66	http > 40848 [ACK] Seq=1 Ack=601 Win=15872 Len=0 TSval=1875204749 TSecr=60648
26	1.305205000	74.201.202.213	192.168.1.50	TCP	66	http > 40847 [ACK] Seq=1 Ack=601 Win=15872 Len=0 TSval=1875204749 TSecr=60648
27	1.458851000	74.201.202.213	192.168.1.50	TCP	1514	[TCP segment of a reassembled PDU]
28	1.458870000	192.168.1.50	74.201.202.213	TCP	66	40847 > http [ACK] Seq=601 Ack=1449 Win=32768 Len=0 TSval=60692 TSecr=1875204787
29	1.458750000	74.201.202.213	192.168.1.50	TCP	1514	[TCP segment of a reassembled PDU]

Figura 2.7: Um traço de pacote seguindo a comunicação de um pedido de anúncio da MoPub. O pacote destacado (número 14) é o pedido de anúncio que está a ser enviado. Repare na falta de comunicação segura na ligação, que seria indicada pela presença de pacotes TLS.

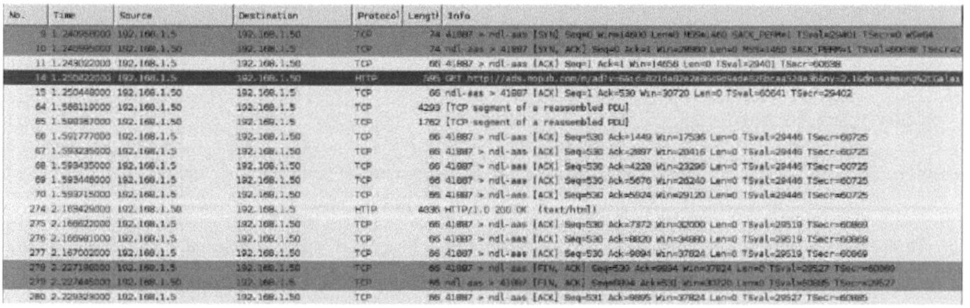

No.	Time	Source	Destination	Protocol	Length	Info
9	1.240958000	192.168.1.5	192.168.1.50	TCP	74	41887 > ndl-aas [SYN] Seq=0 Win=14600 Len=0 MSS=1460 SACK_PERM=1 TSval=29401 TSecr=0 WS=64
10	1.240995000	192.168.1.50	192.168.1.5	TCP	74	ndl-aas > 41887 [SYN, ACK] Seq=0 Ack=1 Win=28960 Len=0 MSS=1460 SACK_PERM=1 TSval=60638 TSecr=2
11	1.243022000	192.168.1.5	192.168.1.50	TCP	66	41887 > ndl-aas [ACK] Seq=1 Ack=1 Win=14656 Len=0 TSval=29401 TSecr=60638
14	1.250422000	192.168.1.5	192.168.1.50	HTTP	595	GET http://ads.mopub.com/m/ad?v=6&id=[illegible]
15	1.250448000	192.168.1.50	192.168.1.5	TCP	66	ndl-aas > 41887 [ACK] Seq=1 Ack=530 Win=30720 Len=0 TSval=60641 TSecr=29402
64	1.588119000	192.168.1.50	192.168.1.5	TCP	4293	[TCP segment of a reassembled PDU]
65	1.588387000	192.168.1.50	192.168.1.5	TCP	1762	[TCP segment of a reassembled PDU]
66	1.591777000	192.168.1.5	192.168.1.50	TCP	66	41887 > ndl-aas [ACK] Seq=530 Ack=1449 Win=17536 Len=0 TSval=29446 TSecr=60725
67	1.593235000	192.168.1.5	192.168.1.50	TCP	66	41887 > ndl-aas [ACK] Seq=530 Ack=2897 Win=20416 Len=0 TSval=29446 TSecr=60725
68	1.593435000	192.168.1.5	192.168.1.50	TCP	66	41887 > ndl-aas [ACK] Seq=530 Ack=4220 Win=23296 Len=0 TSval=29446 TSecr=60725
69	1.593448000	192.168.1.5	192.168.1.50	TCP	66	41887 > ndl-aas [ACK] Seq=530 Ack=5676 Win=26240 Len=0 TSval=29446 TSecr=60725
70	1.593715000	192.168.1.5	192.168.1.50	TCP	66	41887 > ndl-aas [ACK] Seq=530 Ack=5624 Win=29120 Len=0 TSval=29446 TSecr=60725
274	2.169429000	192.168.1.50	192.168.1.5	HTTP	4036	HTTP/1.0 200 OK (text/html)
275	2.166622000	192.168.1.5	192.168.1.50	TCP	66	41887 > ndl-aas [ACK] Seq=530 Ack=7372 Win=32000 Len=0 TSval=29519 TSecr=60869
276	2.166981000	192.168.1.5	192.168.1.50	TCP	66	41887 > ndl-aas [ACK] Seq=530 Ack=8820 Win=34880 Len=0 TSval=29519 TSecr=60869
277	2.167002000	192.168.1.5	192.168.1.50	TCP	66	41887 > ndl-aas [ACK] Seq=530 Ack=9094 Win=37824 Len=0 TSval=29519 TSecr=60869
278	2.227180000	192.168.1.5	192.168.1.50	TCP	66	41887 > ndl-aas [FIN, ACK] Seq=530 Ack=9094 Win=37824 Len=0 TSval=29527 TSecr=60869
279	2.227445000	192.168.1.50	192.168.1.5	TCP	66	ndl-aas > 41887 [FIN, ACK] Seq=9094 Ack=531 Win=30720 Len=0 TSval=60885 TSecr=29527
280	2.229329000	192.168.1.5	192.168.1.50	TCP	66	41887 > ndl-aas [ACK] Seq=531 Ack=9095 Win=37824 Len=0 TSval=29527 TSecr=60885

Figura 2.8: Um traço de pacote seguindo a comunicação de um pedido de anúncio da MoPub. O pacote destacado (número 14) é o pedido de anúncio que está a ser enviado. A resposta pode ser vista no pacote 274.

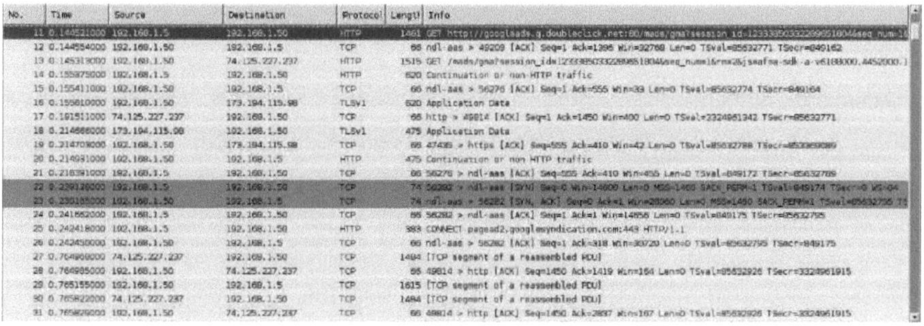

No.	Time	Source	Destination	Protocol	Length	Info
11	0.144521000	192.168.1.5	192.168.1.50	HTTP	1461	GET http://googleads.g.doubleclick.net:80/mads/gma?session_id=[illegible]
12	0.144554000	192.168.1.50	192.168.1.5	TCP	66	ndl-aas > 49209 [ACK] Seq=1 Ack=1396 Win=32768 Len=0 TSval=85632771 TSecr=849162
13	0.145313000	192.168.1.50	74.125.227.237	HTTP	1515	GET /mads/gma?session_id=[illegible]
14	0.155875000	192.168.1.5	192.168.1.50	HTTP	620	Continuation or non-HTTP traffic
15	0.155411000	192.168.1.50	192.168.1.5	TCP	66	ndl-aas > 56276 [ACK] Seq=1 Ack=555 Win=33 Len=0 TSval=85632774 TSecr=849164
16	0.155810000	192.168.1.50	173.194.115.98	TLSv1	620	Application Data
17	0.161511000	74.125.227.237	192.168.1.50	TCP	66	http > 49814 [ACK] Seq=1 Ack=1450 Win=400 Len=0 TSval=2324961342 TSecr=85632771
18	0.214666000	173.194.115.98	192.168.1.50	TLSv1	475	Application Data
19	0.214709000	192.168.1.50	173.194.115.98	TCP	66	47436 > https [ACK] Seq=555 Ack=410 Win=42 Len=0 TSval=85632788 TSecr=[illegible]
20	0.214931000	192.168.1.50	192.168.1.5	HTTP	475	Continuation or non HTTP traffic
21	0.218391000	192.168.1.5	192.168.1.50	TCP	66	56276 > ndl-aas [ACK] Seq=555 Ack=410 Win=455 Len=0 TSval=849172 TSecr=85632789
22	0.239120000	192.168.1.5	192.168.1.50	TCP	74	56282 > ndl-aas [SYN] Seq=0 Win=14600 Len=0 MSS=1460 SACK_PERM=1 TSval=849174 TSecr=0 WS=64
23	0.239185000	192.168.1.50	192.168.1.5	TCP	74	ndl-aas > 56282 [SYN, ACK] Seq=0 Ack=1 Win=28960 Len=0 MSS=1460 SACK_PERM=1 TSval=85632795 T
24	0.241862000	192.168.1.5	192.168.1.50	TCP	66	56282 > ndl-aas [ACK] Seq=1 Ack=1 Win=14656 Len=0 TSval=849175 TSecr=85632795
25	0.242418000	192.168.1.5	192.168.1.50	HTTP	383	CONNECT pagead2.googlesyndication.com:443 HTTP/1.1
26	0.242450000	192.168.1.50	192.168.1.5	TCP	66	ndl-aas > 56282 [ACK] Seq=1 Ack=318 Win=30720 Len=0 TSval=85632795 TSecr=849175
27	0.764908000	74.125.227.237	192.168.1.50	TCP	1494	[TCP segment of a reassembled PDU]
28	0.764985000	192.168.1.50	74.125.227.237	TCP	66	49814 > http [ACK] Seq=1450 Ack=1419 Win=164 Len=0 TSval=85632926 TSecr=3324961915
29	0.765155000	192.168.1.50	192.168.1.5	TCP	1615	[TCP segment of a reassembled PDU]
30	0.765822000	74.125.227.237	192.168.1.50	TCP	1484	[TCP segment of a reassembled PDU]
31	0.765829000	192.168.1.50	74.125.227.237	TCP	66	49814 > http [ACK] Seq=1450 Ack=2837 Win=167 Len=0 TSval=85632926 TSecr=3324961915

Figura 2.9: Um traço de pacote seguindo a comunicação de um pedido de anúncio da AdMob. O pacote destacado (número 11) é a solicitação de anúncio sendo enviada. Observe o uso de HTTPS, conforme indicado pelos pacotes TLSv1 que são enviados logo após a solicitação de anúncio, pacotes 16 e 18.

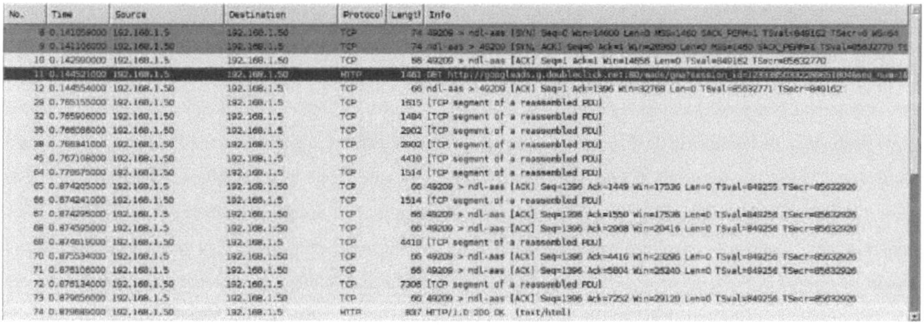

No.	Time	Source	Destination	Protocol	Length	Info
8	0.141059000	192.168.1.5	192.168.1.50	TCP	74	49209 > ndl-aas [SYN] Seq=0 Win=14600 Len=0 MSS=1460 SACK_PERM=1 TSval=849162 TSecr=0 WS=64
9	0.141106000	192.168.1.50	192.168.1.5	TCP	74	ndl-aas > 49209 [SYN, ACK] Seq=0 Ack=1 Win=28960 Len=0 MSS=1460 SACK_PERM=1 TSval=85632770 TS
10	0.142990000	192.168.1.5	192.168.1.50	TCP	66	49209 > ndl-aas [ACK] Seq=1 Ack=1 Win=14656 Len=0 TSval=849162 TSecr=85632770
11	0.144521000	192.168.1.5	192.168.1.50	HTTP	1461	GET http://googleads.g.doubleclick.net:80/mads/gma?session_id=[illegible]
12	0.144554000	192.168.1.50	192.168.1.5	TCP	66	ndl-aas > 49209 [ACK] Seq=1 Ack=1396 Win=32768 Len=0 TSval=85632771 TSecr=849162
29	0.765155000	192.168.1.50	192.168.1.5	TCP	1615	[TCP segment of a reassembled PDU]
32	0.765906000	192.168.1.50	192.168.1.5	TCP	1484	[TCP segment of a reassembled PDU]
35	0.766088000	192.168.1.50	192.168.1.5	TCP	2902	[TCP segment of a reassembled PDU]
38	0.766841000	192.168.1.50	192.168.1.5	TCP	2902	[TCP segment of a reassembled PDU]
45	0.767108000	192.168.1.50	192.168.1.5	TCP	4410	[TCP segment of a reassembled PDU]
64	0.778675000	192.168.1.50	192.168.1.5	TCP	1514	[TCP segment of a reassembled PDU]
65	0.874205000	192.168.1.5	192.168.1.50	TCP	66	49209 > ndl-aas [ACK] Seq=1396 Ack=1449 Win=17536 Len=0 TSval=849255 TSecr=85632926
66	0.874241000	192.168.1.50	192.168.1.5	TCP	1514	[TCP segment of a reassembled PDU]
67	0.874295000	192.168.1.5	192.168.1.50	TCP	66	49209 > ndl-aas [ACK] Seq=1396 Ack=1550 Win=17536 Len=0 TSval=849256 TSecr=85632926
68	0.874595000	192.168.1.5	192.168.1.50	TCP	66	49209 > ndl-aas [ACK] Seq=1396 Ack=2908 Win=20416 Len=0 TSval=849256 TSecr=85632926
69	0.874619000	192.168.1.50	192.168.1.5	TCP	4410	[TCP segment of a reassembled PDU]
70	0.875534000	192.168.1.5	192.168.1.50	TCP	66	49209 > ndl-aas [ACK] Seq=1396 Ack=4416 Win=23296 Len=0 TSval=849256 TSecr=85632926
71	0.878106000	192.168.1.5	192.168.1.50	TCP	66	49209 > ndl-aas [ACK] Seq=1396 Ack=5804 Win=26240 Len=0 TSval=849256 TSecr=85632926
72	0.878134000	192.168.1.50	192.168.1.5	TCP	7306	[TCP segment of a reassembled PDU]
73	0.879656000	192.168.1.5	192.168.1.50	TCP	66	49209 > ndl-aas [ACK] Seq=1396 Ack=7252 Win=29120 Len=0 TSval=849256 TSecr=85632926
74	0.879689000	192.168.1.50	192.168.1.5	HTTP	837	HTTP/1.0 200 OK (text/html)

Figura 2.10: Um traço de pacote seguindo a comunicação de um pedido de anúncio da MoPub. O pacote destacado (número 11) é o pedido de anúncio que está a ser enviado. A resposta pode ser vista no pacote 74.

Capítulo 3

Superfície de ameaça do Android

Este capítulo investiga as diferentes ameaças a que o Android é vulnerável e a facilidade de exploração dessas ameaças.

3.1 Motivação do atacante

Há muitas razões para um atacante querer obter acesso a um dispositivo móvel pertencente a outra pessoa. Estas razões podem incluir incentivos financeiros para espalhar malware ou para recolher informações bancárias ou de cartões de crédito. Também é possível que, agora que existem cada vez mais aplicações de saúde, o atacante queira aceder a estes dados altamente valiosos. Também pode ser desejável obter informações privadas e pessoais para as vender a terceiros. Uma vez que os dispositivos móveis são frequentemente levados para o trabalho e ligados a redes empresariais, estes podem ser meios de infetar empresas e roubar segredos comerciais. Foi recentemente demonstrado que um telemóvel era capaz de detetar e intercetar dados de sinais enviados para ecrãs de computador como forma de capturar palavras-passe [17]. Este facto foi demonstrado utilizando um computador com porta de ar e com as redes sem fios do telemóvel desactivadas.

3.2 Acesso do atacante

Um atacante pode obter acesso a um dispositivo móvel de várias formas. Estas podem incluir o reempacotamento de aplicações legítimas para transportar uma carga maliciosa. Embora as principais lojas online de aplicações reduzam ao mínimo este tipo de aplicações, elas são mais comuns em lojas de aplicações não oficiais. Os atacantes também podem obter acesso através do aliciamento de utilizadores que clicam em ligações ou imagens que os encaminham para páginas Web maliciosas que, por sua vez, descarregam um pacote para o dispositivo do utilizador, o chamado "drive-by downloads". Também é possível que o acesso seja concedido por atacantes que exploram vulnerabilidades no dispositivo móvel. Esta situação está frequentemente associada aos descarregamentos automáticos. Mas os ataques nem sempre são activos, podem também ser passivos. Os atacantes podem seguir dispositivos e pessoas específicos, procurando o seu dispositivo específico através de redes de sensores sem fios ou monitorizando o tráfego Web alojado em locais públicos ou em redes WiFi não seguras.

3.3 Segmentação do Android

Uma das caraterísticas mais marcantes do Android é a divisão da propriedade entre a Google, que desenvolve o sistema operativo Android, e os fabricantes de dispositivos, que personalizam o Android para funcionar em redes específicas e acrescentam melhorias não essenciais da interface do utilizador e aplicações próprias em colaboração com o operador de rede. Em resultado destas modificações, é, em última análise, da responsabilidade dos fabricantes de dispositivos e dos operadores de rede atualizar os aparelhos para a versão mais recente lançada pela Google. Para cada versão do Android da Google, os operadores têm de atualizar o seu software para garantir que continua a funcionar como esperado e, em seguida, disponibilizar essas actualizações aos clientes, o que resulta num atraso entre o lançamento do software da Google e a disponibilidade final para os utilizadores finais. Como resultado destes

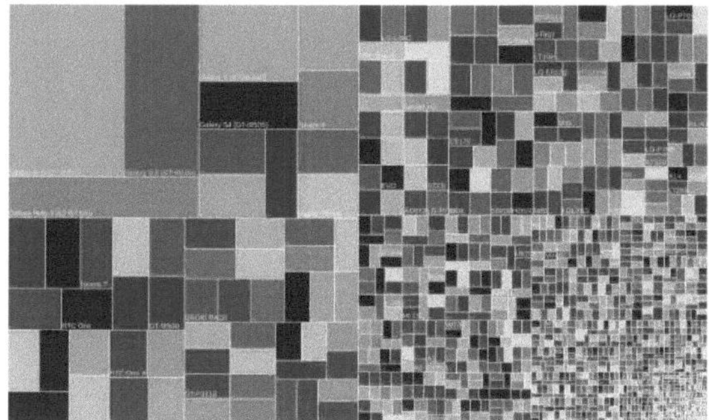

Figura 3.1: A popularidade de dispositivos Android específicos em julho de 2013, de acordo com [28]. (OpenSignal. Android Fragmentation Visualized. 2013. url: http://opensignal.com/ reports/fragmentation-2013/ (visitado em 20/11/2014). Usado sob uso justo, 2014).

as relações fabricante-operador e os consequentes atrasos na atualização dos dispositivos para as versões recentes do Android, o mercado está a tornar-se cada vez mais segmentado entre os operadores de rede e mesmo entre os dispositivos da mesma rede. Note-se também que parte da segmentação resulta do facto de os fabricantes-operadores apenas actualizarem os seus actuais e anteriores dispositivos emblemáticos para a versão mais recente. Isto deixa aqueles que têm dispositivos com vários anos fora do circuito de atualização, expondo-os a vulnerabilidades mais recentes. O argumento apresentado pelos fabricantes-operadores baseia-se principalmente em incentivos financeiros, mas também, em parte, no facto de apenas quererem continuar a suportar o que há de mais recente num domínio de hardware em rápida evolução. Esta segmentação na popularidade dos dispositivos pode ser vista na Figura 3.1.

O ecossistema iOS da Apple não sofre do mesmo destino, uma vez que todo o hardware é controlado pela Apple e, por isso, quando é lançada uma nova versão do iOS, a Apple já fez todo o trabalho necessário para garantir que funciona em todos os dispositivos suportados.

Devido à popularidade do Android, bem como à sua natureza de código aberto, tem sido cuidadosamente estudado por investigadores que publicam vulnerabilidades de segurança depois de notificarem a Google para que possam ser feitas correcções. Mas isto só ajuda aqueles que podem receber essas actualizações e deixa o resto do mercado aberto a potenciais ataques. Estes investigadores detalham frequentemente a vulnerabilidade de forma exaustiva e, em alguns casos, publicam mesmo ferramentas para ajudar a explorar essa vulnerabilidade [21].

3.4 Ataques de roubo de dados

Num mundo cada vez mais digital, as pessoas são definidas pelos seus registos electrónicos. Esses registos podem assumir muitas formas: médicos, financeiros, até às mais mundanas contas de redes sociais e preferências da Netflix. No entanto, quanto mais dados forem armazenados num determinado local, mais um atacante pode saber sobre um indivíduo, as suas preferências e, potencialmente, até a sua verdadeira identidade. Tudo isto é conseguido através da obtenção de dados sobre potenciais vítimas e da sua compilação.

3.4.1 Tipos de dados

Há muitos tipos de informações que são armazenadas em dispositivos móveis. Se forem pessoais, podem conter ou divulgar as seguintes informações:

- informações do dispositivo para incluir a identificação do dispositivo, a versão do Android, determinadas aplicações instaladas, o operador de rede
- Localização (coordenadas GPS e exatidão)
- Áudio
- Vídeo
- Mensagens de texto

-Registo de chamadas telefónicas

-Informações e credenciais bancárias

-Informações médicas

-Hábitos pessoais , como o local de trabalho e de residência

-Redes sociais

-Email que pode conter

- Endereço do domicílio
- Aniversário
- SSN completo ou parcial
- E-mails de redefinição de palavra-passe para outras contas

Num ambiente empresarial, quer o dispositivo seja propriedade do indivíduo ou da empresa, estes dispositivos podem conter:

- Detalhes da fusão e aquisição
- Informações exclusivas e segredos comerciais
- Visão estratégica
- Dados pessoais dos empregados (SSN, endereço residencial, informações sobre o emprego)

3.4.2 Abordagens de acesso

Existem inúmeras formas de um atacante obter acesso aos dados e às informações que deseja, de tal modo que existe um sítio Web inteiro dedicado à recolha

de exploits para aplicações e linguagens vulneráveis. O sítio Web exploit-db.com aloja uma coleção de mais de 30 000 exploits que afectam tudo, desde PHP a Windows, iOS e Android [31].

Devido ao âmbito das potenciais vulnerabilidades que afectam a plataforma Android, é muitas vezes útil utilizar outras fontes para determinar a sua aplicabilidade, bem como a gravidade. Para o efeito, o NIST aloja a National Vulnerability Database [34], que fornece uma descrição e uma pontuação de gravidade para todas as entradas CVE [25]. Além disso, as empresas privadas de investigação em matéria de segurança também publicaram as suas descobertas sobre vulnerabilidades específicas e, muitas vezes, fazem avaliações do seu impacto. Um exemplo disso é encontrado em [18].

A mais óbvia é o descarregamento de algum tipo de aplicação maliciosa para o telemóvel. Isto pode ser feito através do reempacotamento de uma aplicação legítima e da sua colocação numa loja de aplicações menos comum, juntamente com malware. Isto resultaria na exploração completa do dispositivo alvo e de qualquer informação que nele estivesse presente. Dependendo do dispositivo e do malware, também pode ser possível obter privilégios de root no dispositivo para obter ainda mais controlo. No entanto, isto depende do próprio dispositivo e uma vulnerabilidade num dispositivo pode não funcionar noutro. No entanto, dado o elevado valor do sucesso, muitos atacantes continuam a trabalhar para este objetivo, embora a sua taxa de sucesso possa ser menor do que através de outros meios.

Também é possível que um atacante engane um utilizador para que este instale uma aplicação maliciosa ou instale uma aplicação em segundo plano sem a permissão do utilizador ou fazendo com que o utilizador clique numa ligação que foi disfarçada de outra coisa. Isto é conhecido como drive by download e é comum nas plataformas Web há muitos anos. A dificuldade com este ataque é a necessidade de enganar o utilizador para que este clique na ligação ou instale o pacote. Embora os utilizadores desconfiem deste tipo de tácticas nos seus computadores de secretária ou portáteis, há indícios que sugerem que este tipo de comportamento parece ser menos frequente nos dispositivos móveis, potencialmente devido à sua idade em relação aos computadores normais. O êxito destes ataques depende essencialmente de dois factores: o fascínio da ligação e a carga útil carregada no sítio. Quanto mais atractiva ou interessante for uma ligação ou o texto de uma ligação, maior será a probabilidade de as pessoas clicarem nessa ligação. Isto é especialmente verdade se as pessoas já confiam no sítio que estão a visitar. Se a confiança puder ser alargada, os utilizadores são mais susceptíveis. O outro componente deste ataque é o sucesso do carregamento efetivo do payload no alvo. Os utilizadores podem ter dispositivos que são imunes a certos ataques ou podem estar a executar versões de software que foram corrigidas contra o ataque que está a ser explorado.

Dependendo do tipo de informação que um atacante pretende obter, há também uma série de ataques de canal lateral que foram demonstrados, incluindo a utilização do rádio FM para instalar malware [8], bem como a utilização simultânea das ligações WiFi e celular, como em [5]. Estes ataques são mais complicados devido aos requisitos de hardware necessários para lançar o ataque com êxito e à necessidade de ter o alvo ao alcance do equipamento.

3.4.3 Abordagens de exfiltração

Quando chega a altura de o atacante descarregar a informação que recolheu do telemóvel alvo, há uma série de abordagens diferentes que podem ser utilizadas para exfiltrar os dados.

Os ataques NFC são difíceis de realizar devido à necessidade de estar fisicamente próximo do alvo. No entanto, desenvolvimentos recentes podem tornar este vetor de ataque mais atrativo. Muitos trabalhadores pendulares nas áreas metropolitanas utilizam o seu dispositivo móvel para passar o tempo durante as suas deslocações, o que permitiria a um atacante na mesma vizinhança uma janela significativa, bem como a proximidade física, para montar o seu ataque. Este ataque também requer que os utilizadores tenham ativado o rádio NFC no seu dispositivo, uma condição de quantidade desconhecida. No entanto, é de notar que algumas áreas metropolitanas estão a começar a instalar portas de tarifa com NFC para permitir que os passageiros evitem levar consigo um cartão de tarifa especializado [38] e paguem a tarifa com o seu dispositivo móvel. Continuando com o nosso cenário de ataque, isto aumentaria a probabilidade de existirem dispositivos susceptíveis e de um ataque bem sucedido.

Na sequência de um ataque bem sucedido para obter acesso a um dispositivo, um atacante pode instruir o dispositivo a transferir conteúdos para um servidor remoto. Esta ação tem uma elevada probabilidade de sucesso, uma vez que o ataque inicial foi bem sucedido. Como os dispositivos móveis têm uma ligação quase constante à Internet, essa transferência de dados é bastante viável. Um desafio que os ataques enfrentam é decidir que informação deve ser transferida. Embora uma ligação à Internet seja bastante comum, a velocidade dessa ligação tem um elevado grau de variabilidade, dependendo se estão a ser utilizadas tecnologias celulares mais antigas ou WiFi em casa. A defesa contra esses ataques pode ser feita na camada de rede, rastreando as ligações de entrada e de saída. Se ocorrer um aumento súbito na utilização de dados móveis, isso pode indicar um ataque desse tipo.

Hayashi et al. também realizaram um trabalho recente para ler as teclas premidas num dispositivo móvel com base nas emanações EM dos ecrãs dos dispositivos [19]. Embora o alcance do ataque seja relativamente curto, dois metros, todos os dispositivos são alvos potenciais, o que faz deste um vetor de ataque promissor. Os autores fornecem uma contramedida funcional contra o seu ataque, adicionando uma película condutora transparente à superfície do dispositivo

3.5 Trabalho anterior sobre segurança de anúncios no Android

Há geralmente dois campos diferentes de trabalho que têm sido efectuados no que diz respeito à investigação das bibliotecas de anúncios para Android. O primeiro consiste em analisar o código fonte para detetar potenciais fugas de informação sobre o utilizador ou o dispositivo para a rede de publicidade ou para o próprio anunciante. Os trabalhos efectuados por [16, 7, 6, 27] pertencem a este grupo. O segundo campo é constituído pelos investigadores que forneceram recomendações para atenuar a fuga de privacidade pela rede de publicidade, propondo soluções para separar a biblioteca de anúncios da aplicação de base. O trabalho efectuado por [22, 29, 33, 4] insere-se neste grupo.

3.5.1 Permissões estranhas

No domínio das aplicações Android maliciosas, tem havido um conjunto significativo de trabalhos tanto para descobrir novas vulnerabilidades [39] como para ajudar a classificar as aplicações maliciosas [35, 30, 40].

O trabalho realizado por Grace et al. em [16] fornece o trabalho mais fundamental para esta tese, sendo o primeiro a descrever o comportamento inseguro das redes de publicidade e os riscos a que expõem os utilizadores de aplicações. O trabalho que fizeram foi analisar estaticamente as primeiras 100 redes de anúncios únicas que encontraram ao descompilar as aplicações gratuitas mais populares na loja Google Play. Uma vez descompiladas, os autores procuraram informações de identificação pessoal que pudessem ser rastreadas até um sumidouro de rede. Descobriram que a maioria das utilizações de código potencialmente violador da privacidade era utilizada para identificação dentro da rede de publicidade. Concluíram também que as redes de publicidade mais populares, como a AdMob, se comportavam bem, enquanto as bibliotecas de publicidade mais pequenas utilizavam mais frequentemente práticas potencialmente violadoras da privacidade.

O artigo de Felt et. al [7] analisa as permissões solicitadas por diferentes aplicações Android e as percentagens das que solicitaram permissões que não eram necessárias para o código. Os autores afirmam que muitos casos de excesso de permissões podem ser atribuídos à confusão dos programadores sobre que permissões são necessárias para executar que acções e para utilizar que métodos na API do Android. Os autores criaram uma ferramenta que gerou um conjunto de permissões necessárias com base no bytecode de um aplicativo Android descompilado. Este conjunto foi então comparado com o conjunto que a aplicação incluía no ficheiro de manifesto para determinar se havia um caso de excesso de permissões. Parte da sua análise incluiu a determinação de que 323 das 900 aplicações que testaram incluíam permissões desnecessárias. As cinco permissões mais frequentemente solicitadas e

Tabela 3.1: As seis permissões desnecessárias mais comuns e a percentagem de aplicações com privilégios excessivos que as solicitaram, conforme relatado por [7]. (Adrienne Porter Felt et al. "Android Permissions Demystified". In: Anais da 18ª Conferência da ACM sobre Segurança de Computadores e Comunicações. CCS 11. Chicago, Illinois, EUA: ACM, 2011, pp. 627-638)

Autorização	Utilização

ACCESS_NETWORK_STATE	16%
LER_ESTADO_DO_TELEFONE	13%
ACCESS_WIFI_STATE	8%
WRITE_EXTERNAL_STORAGE	7%
CHAMAR_TELEFONE	6%
ACCESS_COARSE_LOCATION	6%

As permissões não utilizadas são enumeradas no Quadro 3.1

O trabalho realizado por Enck em [6] analisa a segurança dos dispositivos Android a um nível elevado. Ao desenvolver um descompilador Dalvik para Android que traduz o bytecode Dalvik em bytecode Java, os autores conseguiram analisar estaticamente as 1100 principais aplicações gratuitas para determinar que informações de identificação pessoal estavam a ser transmitidas pela aplicação para fora do dispositivo. Descobriram que estavam a ser utilizados vários identificadores específicos do dispositivo, como o IMSI (identificador do assinante), o IMEI (identificador do dispositivo), o número de telefone e o ICC-ID (número de série do cartão SIM). Verificaram também que alguns destes identificadores eram utilizados como parte do processo de registo para utilizar a aplicação e eram utilizados para identificar o dispositivo tanto com redes de publicidade como para os seus próprios fins internos. Verificaram que cerca de 20% das aplicações estudadas utilizavam estes identificadores de alguma forma, a maioria para rastrear utilizadores individuais. Verificaram também que estas aplicações eram frequentemente utilizadas em texto simples através de HTTP.

Narayanan et al. [27] contribuíram para o panorama da análise estática de aplicações, aumentando o estado da arte na deteção de bibliotecas de anúncios e das classes associadas numa aplicação. Em seguida, utilizam para detetar privilégios excessivos que uma aplicação solicitou e que não são necessários. A sua solução foi particularmente eficaz contra práticas comuns como a ofuscação e teve um

Taxa de sucesso de 95%.

3.5.2 Separar as permissões de aplicações e anúncios

Para proteger a privacidade dos utilizadores e manter as permissões no mínimo necessário, os autores de [22] propõem o SanAdBox, um utilitário de sandbox que instala separadamente uma aplicação e a sua biblioteca de anúncios. Ao fazê-lo, os autores afirmam ser capazes de proteger o utilizador da fuga de privacidade pela biblioteca de anúncios. A instalação separada é feita através de um instalador personalizado que mantém um registo das interações entre a aplicação de base e a biblioteca de anúncios, incluindo as interações durante a utilização da aplicação. O protótipo do instalador adicionou uma latência de 20 ms ao tempo de carregamento do anúncio.

Uma ideia que funciona a um nível mais baixo é apresentada em [29], em que Pearce et al. propõem a introdução de um novo serviço Android que trataria de todas as necessidades de publicidade de todas as aplicações instaladas num dispositivo. Isto separaria os anúncios das aplicações que suportam para proteger a privacidade do utilizador. A ideia proposta seria integrar a biblioteca de anúncios na API do sistema Android e fazer com que as aplicações interajam com ela para apresentar e exibir anúncios. A segurança do utilizador seria reforçada limitando as permissões das aplicações, o que limita a superfície de ataque das aplicações. A privacidade também seria melhorada, permitindo uma monitorização mais pormenorizada das informações pessoais enviadas para as bibliotecas de anúncios. Para apoiar a sua ideia, são adicionadas duas novas permissões que indicam que uma aplicação tem publicidade e precisa de aceder à nova API do Android.

Shekhar et al., em [33], propõem uma separação visível entre as aplicações e as suas bibliotecas de anúncios. Para tal, há duas actividades que o utilizador vê. A mais alta é a aplicação predefinida e tem regiões transparentes para anúncios que são apresentados a partir da atividade publicitária diretamente por baixo da aplicação predefinida. Isto também permite que as bibliotecas de publicidade sejam executadas como serviços e forneçam os anúncios para todas as aplicações que utilizam essa biblioteca de anúncios específica em todas as aplicações instaladas no dispositivo. Para tal, seriam necessárias modificações na forma como o Android controla o ciclo de vida das aplicações.

O trabalho realizado por Do em [4] adoptou uma abordagem muito diferente à questão das permissões do Android e fez engenharia inversa e reempacotou aplicações de redes sociais para remover seletivamente as permissões das aplicações para recursos desnecessários, como listas de contactos e estado do telefone. Os autores testaram depois cada aplicação para ver se havia efeitos secundários devido às alterações que fizeram.

Uma questão particular entre todos esses documentos foi o uso e a identificação de carregamento dinâmico de classes e reflexão. Ambos permitem que o código-fonte seja determinado em tempo de execução, em vez de em tempo de compilação. Como foi o caso de todas estas análises, a inspeção estática do código não permitiu obter uma imagem completa de tudo o que estava a acontecer na biblioteca de anúncios.

3.5.3 Outras obras

O trabalho realizado por Kuzuno e Tonami em [24] tenta contrariar a fuga de informações de privacidade de dispositivos Android. Os autores conseguem-no agrupando os pacotes HTTP e analisando-os em busca de informações sensíveis. Conseguiram fazer isto sem quaisquer permissões especiais ou alterações ao sistema operativo Android. O seu trabalho está diretamente relacionado com esta investigação.

O trabalho realizado por Book et al. em [3] investiga a forma como as bibliotecas de anúncios interagem com a aplicação subjacente. Os autores trabalham no sentido de compreender quais as bibliotecas de anúncios mais utilizadas quando se acede a API relacionadas com a privacidade. [10] descreve o impacto das aplicações Android que foram clonadas, reembaladas e redistribuídas por terceiros. Alguns podem fazê-lo para fins maliciosos, como adicionar uma carga útil a um jogo popular, mas os autores também consideram outras intenções mais subtis, como o redireccionamento das receitas da publicidade. Seneviratne et al., em [32], investigaram a possibilidade de entregar aos dispositivos móveis anúncios que preservam a privacidade e de o fazer de uma forma eficiente em termos de largura de banda.

Ruiz realizou um trabalho adicional interessante em [26], que analisou a possibilidade de o número de bibliotecas de anúncios de uma aplicação poder afetar negativamente a classificação dos utilizadores; os resultados não apoiaram a sua hipótese. No entanto, durante a realização do trabalho, os autores analisaram uma série de aplicações e descobriram que a maioria delas tinha cinco ou menos bibliotecas de anúncios, sendo que algumas aplicações incluíam até 28 bibliotecas de anúncios diferentes.

O trabalho efectuado por Wei et al. em [37] é muito semelhante ao trabalho aqui realizado. Analisam diferentes redes de anúncios para detetar fugas de informação, bem como exploram a possibilidade de atacar WebViews vulneráveis com Javascript malicioso.

3.5.4 Contribuições

Esta investigação faz as seguintes contribuições específicas para o trabalho que foi concluído anteriormente. Este trabalho contribui para o conhecimento de ataques viáveis que foram realizados contra WebViews vulneráveis utilizando a estrutura `addJavascriptInterface` para aplicações Android. Embora a exploração de WebViews tenha sido bem estudada por investigadores privados e académicos, a sua aplicação em aplicações suportadas por anúncios não o foi. Através da análise dos pedidos de anúncios por duas bibliotecas de anúncios, MoPub e AdMob, determinamos que este ataque é de facto viável contra combinações específicas de redes de anúncios e dispositivos vulneráveis.

Além disso, esta investigação fornece uma análise pormenorizada das informações específicas que estão presentes num URL de pedido de publicidade das redes de publicidade estudadas. Determinar o que está incluído nesses pedidos é o primeiro passo para resolver as vulnerabilidades de segurança. Analisamos também o impacto que a alteração das definições do utilizador no dispositivo móvel tem no conteúdo dos pedidos de publicidade, mostrando, em particular, que as preferências de localização do utilizador se reflectem nos pedidos da MoPub, não tendo qualquer efeito percetível nos pedidos da AdMob.

Por último, é feita uma série de recomendações para que os criadores de aplicações, os utilizadores e as redes de publicidade utilizem as tecnologias de encriptação actuais, como o HTTPS, e desactivem temporariamente as definições de localização para proteger a segurança dos utilizadores. Os utilizadores são também encorajados a manter os seus dispositivos actualizados com a última versão do Android disponível. As recomendações aos programadores incluem ideias como a limitação dos tipos de publicidade que são apresentados em dispositivos mais antigos que são vulneráveis a estes ataques e a auditoria do seu código com o objetivo de descobrir vulnerabilidades. Também olhamos para o futuro e fornecemos recomendações para alterações que poderiam ser efectuadas pela Google na plataforma Android e pelas redes de publicidade na forma como transmitem os dados, o que permitiria um ecossistema de publicidade mais seguro. Trata-se de alterações que demorariam algum tempo a implementar, mas que seriam benéficas para a comunidade de utilizadores a longo prazo.

Capítulo 4

Vulnerabilidade da publicidade

Avaliação

Neste capítulo, vamos discutir dois ataques diferentes que são possíveis contra aplicações suportadas por anúncios.

4.1 Ataque addJavascriptInterface

Num esforço para criar uma estrutura flexível que minimize o tempo de desenvolvimento e permita a rápida migração de aplicações para a plataforma Android, a Google criou uma ponte Javascript que permitiria às aplicações carregar conteúdo HTML específico e apresentá-lo na aplicação sem ter de carregar o browser da Web no dispositivo. No entanto, esta ponte é vulnerável a uma série de ataques diferentes que não estão presentes noutras plataformas.

```
function showAndroidToast(message)
{
    Android.showToast(message);
}
```

Figure 4.1: O seguinte código Javascript chama o método Java para mostrar um brinde ao utilizador com a mensagem especificada

```
webView.addJavascriptInterface(new JavascriptInterface(this), "Android");
```

Figure 4.2: Inicialização necessária no código Java para estabelecer uma interface Javascript. A palavra-chave `Android` é utilizada no Javascript para aceder aos métodos Java.

4.2.1 Descrição

Os anúncios são frequentemente apresentados numa aplicação utilizando um WebView, que essencialmente apresenta uma pequena página Web. Isto tem uma série de vantagens do ponto de vista dos anunciantes, na medida em que não precisam de criar materiais publicitários adicionais para chegar ao mercado móvel, para além de alterarem o tamanho da imagem que é apresentada. Para os criadores do anúncio, podem continuar a utilizar protocolos e truques bem conhecidos da Web, como a apresentação de animações. A distribuição não se altera, uma vez que o anúncio continua a ser solicitado através da Web, independentemente de o destino ser um dispositivo móvel ou um computador de secretária ou portátil. Os anunciantes também podem adicionar Javascript especialmente concebido ao anúncio para criar animações ou controlar análises personalizadas.

No entanto, existe uma vulnerabilidade conhecida no Android JellyBean 4.1 e anteriores na forma como as WebViews tratam o Javascript. A partir do código da aplicação, esta funcionalidade é adicionada utilizando a `addJavascriptInterface`. Uma vez adicionada, os métodos Java podem ser chamados e executados a partir do Javascript, como se pode ver nas Figuras 4.1, 4.2 e 4.3.

É possível chamar qualquer método público Java através do Javascript enviado para o WebView. Além disso, por meio da reflexão Java, também é possível chamar métodos que

```
public void showToast(String message)
{
    Toast.makeText(mContext, message, Toast.LENGTH_SHORT).show();
}
```

Figure 4.3: Código Java chamado a partir do Javascript para apresentar uma mensagem ao utilizador

foram marcados como privados. Como vetor de ataque, seria possível intercetar o anúncio que é enviado de volta para o dispositivo, substituir qualquer Javascript por código personalizado e depois devolver o código personalizado e malicioso ao utilizador. Este Javascript não precisa de ser ativado de forma alguma, por exemplo, exigindo que o utilizador clique no anúncio. Em vez disso, é possível criar o Javascript para ser executado assim que o anúncio é carregado, não exigindo qualquer interação do utilizador. O utilizador não terá qualquer conhecimento de que algo aconteceu no seu dispositivo.

4.1.2 Aplicabilidade

Como se pode ver na Figura 4.4, a Google informou que 46,8% dos dispositivos Android activos no período de sete dias que terminou a 9 de setembro de 2014 estavam a executar o Android 4.1 ou mais antigo, que é vulnerável ao ataque addJavascriptInterface, tal como descrito nesta investigação [12]. Estas versões estão assinaladas a verde. Este número poderia ser potencialmente mais elevado se a janela de atividade que a Google utilizou nos seus números fosse alargada para além de sete dias. De acordo com [36], existem mais de mil milhões de dispositivos Android activos em todo o mundo. Isto significa que pelo menos 468 milhões de dispositivos Android activos estavam vulneráveis a estes ataques em setembro.

A Google comunicou números actualizados para o período de sete dias que terminou em 3 de novembro de 2014, que são apresentados na Figura 4.5. Os números mais recentes indicam que a percentagem de dispositivos vulneráveis diminuiu no intervalo entre os dois relatórios, de 46,8% para 41,7%; uma diminuição de 10,9%. Devido à multiplicidade de factores que influenciam a adoção de versões mais recentes do Android, é difícil prever a taxa de decadência das versões antigas à medida que os utilizadores

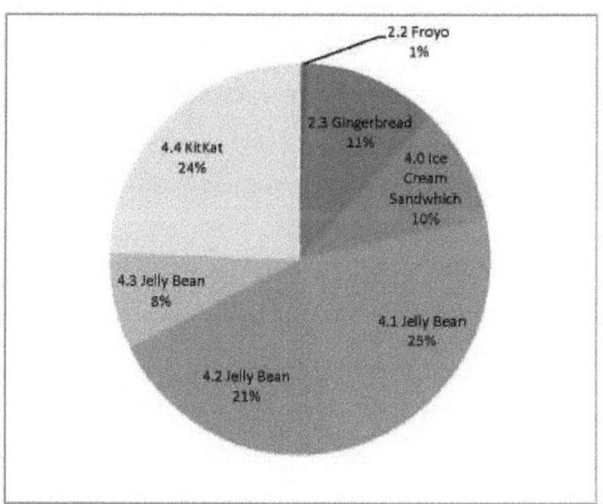

Figura 4.4: Repartição das versões do Android a partir de 9 de setembro de 2014 [12]. As secções assinaladas a verde são vulneráveis ao ataque `addJavascriptInterface` nas versões 4.1 e anteriores. (Google. Painéis de controlo do Android. 2014. url: `http://developer. android.com/about/dashboards/index.html` (visitado em 17/10/2014). Usado sob uso justo, 2014).

migrar para dispositivos mais recentes ou atualizar os dispositivos existentes com a versão mais recente do Android. Se inspeccionarmos versões ainda mais antigas do Android, vemos que o Froyo e o Gingerbread, versões 2.2 e 2.3, foram lançados em 20 de maio de 2010 e 6 de dezembro de 2010, respetivamente, e ainda têm uma base de utilizadores activos considerável, mais de quatro anos depois, com mais de 11 milhões de utilizadores. Tendo em conta a idade destas versões do Android, é bastante razoável assumir que uma base de utilizadores activos de milhões de utilizadores continuará a estar presente a nível mundial durante muitos anos e que utilizará estas versões vulneráveis do Android. A presença contínua de versões vulneráveis do Android faz com que este seja um ataque viável no futuro.

Para resolver este problema, foi feita uma alteração no Android 4.2 que exige que qualquer método Java acedido através de Javascript tenha uma anotação. As anotações são uma forma de metadados no código Java que são utilizados para identificar determinadas funcionalidades para o compilador Java. Esta alteração limita o número de métodos que são acessíveis a partir do Javascript por defeito. No entanto,

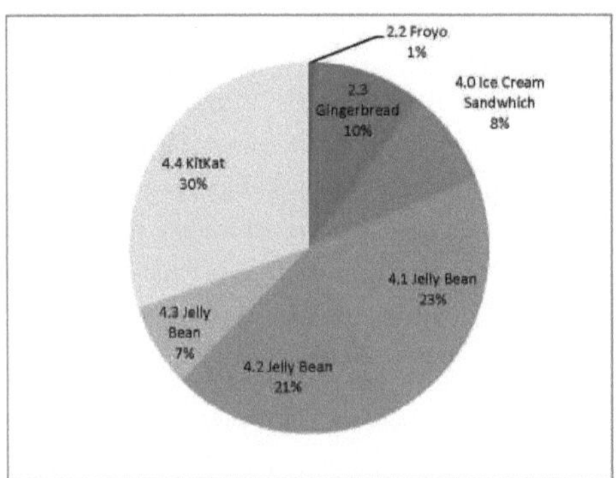

Figura 4.5: Repartição das versões do Android a partir de 3 de novembro de 2014 [12]. As secções assinaladas a verde são vulneráveis ao ataque `addJavascriptInterface` nas versões 4.1 e anteriores. (Google. Painéis de controlo do Android. 2014. url: `http://developer. android.com/about/dashboards/index.html` (visitado em 11/10/2014). Usado sob uso justo, 2014).

De acordo com o trabalho realizado por [37], os programadores continuam a adicionar a anotação aos seus próprios métodos personalizados que, por sua vez, acedem a informações sensíveis no telemóvel, como a lista de contactos, o registo de chamadas e a câmara. Isto reduz o risco de ataque em dispositivos mais recentes, mas não o elimina.

4.1.3 Viabilidade

Os requisitos para realizar este ataque são Javascript malicioso e uma posição a partir da qual se possa injetar este Javascript num pedido de anúncio. A oportunidade de obter uma posição a partir da qual se pode injetar o Javascript de ataque pode ser tão simples como instalar-se no café local e esperar que os clientes acedam ao WiFi não seguro que é frequentemente oferecido. Um atacante pode falsificar o pedido de DNS enviado pelo anúncio e responder com o seu próprio conteúdo, injectando o conteúdo malicioso na resposta. O Javascript necessário é bastante simples, seguindo os padrões de reflexão padrão do Java.

4.2 Ataque de fuga de informação

As pessoas e as suas informações pessoais são cada vez mais colocadas em formulários electrónicos. Para tirar partido de toda esta informação pessoal, os anunciantes capitalizaram a possibilidade de apresentar anúncios especificamente adaptados a um público-alvo. Embora o objetivo dos anunciantes seja vender algum tipo de produto aos utilizadores, se essas mesmas informações pessoais forem obtidas por um agente malicioso, as suas intenções não podem ser tão facilmente descartadas.

4.2.1 Descrição

O ataque de fuga de informação consiste em determinar informações de uma fonte de informação sem ser o destino pretendido. Coloquialmente, isto é conhecido como "eavesdropping". No contexto das redes de publicidade e dos dispositivos móveis, as informações sobre o dispositivo e o utilizador são enviadas para várias redes de publicidade como parte do pedido de apresentação de anúncios. Informações como a identificação única do dispositivo, a localização e o operador são enviadas como parte do pedido. Este ataque ocorre quando uma parte maliciosa consegue intercetar o pedido de publicidade ou monitorizar o pedido enquanto este é enviado através de ligações sem fios.

Para efeitos desta investigação, partimos do princípio de que o atacante não modifica o pedido de anúncio de forma alguma e que está simplesmente interessado em descurar informações que já foram incluídas como parte do pedido pela biblioteca de anúncios. Assumimos também que o atacante não é capaz de desencriptar o tráfego que foi encriptado por meios padrão, como o HTTPS.

Se um atacante for capaz de determinar informações como a localização e correlacioná-las com a hora do pedido durante um período de tempo, pode determinar localizações como o local de trabalho e a casa. Com base nos tipos e nomes de uma aplicação, um atacante pode também ser capaz de determinar a quem pertence o dispositivo numa empresa. E como os pedidos incluem IDs de dispositivos únicos, é possível separar diferentes alvos capturados como parte do conjunto de dados.

4.2.2 Aplicabilidade

Tal como descrito na secção ??, para que um anúncio seja apresentado num dispositivo, tem de haver um pedido para esse anúncio. O objetivo de um anúncio é apelar a um público, convencê-lo a ver o seu conteúdo e depois fazer algo com esse conteúdo. Ver um conteúdo publicitário chama-se uma impressão, enquanto fazer algo com esse conteúdo, muitas vezes efetuar uma compra, chama-se uma conversão. Para aumentar a probabilidade de impressões e conversões, os anúncios devem ser apelativos para segmentos de mercado específicos, o que exige o envio de informações específicas sobre o utilizador e o dispositivo com o pedido. Embora as redes de publicidade recolham análises adicionais, são necessárias informações pessoais para adicionar ao perfil do utilizador, o que permite ao atacante obter informações específicas sobre o alvo.

Embora a quantidade de informação pessoal que é enviada como parte deste pedido varie de biblioteca de anúncios para biblioteca de anúncios e até dependa das definições do utilizador, há muito que se pode potencialmente aprender. Deve também notar-se que Ruiz em [26] e Shekhar em [33] mostraram que, embora fosse mais comum uma aplicação ter apenas uma biblioteca de anúncios, não era invulgar que muitas bibliotecas de anúncios fossem incluídas na mesma aplicação, o que é feito pelos programadores de aplicações para aumentar as suas receitas. A combinação destas fontes de dados permite recolher ainda mais informações pessoais.

4.2.3 Viabilidade

Tudo o que é necessário para que este ataque aconteça é ser capaz de observar o pedido de anúncio numa rede. Isto pode acontecer em redes WiFi não seguras, que são comuns em locais de negócios, como cafés e aeroportos. Também é possível, utilizando equipamento e software especializados, monitorizar redes celulares. Isto permite que um atacante tenha total liberdade para escolher a tecnologia em que se vai concentrar. O alcance do ataque também é limitado apenas pelo alcance do seu equipamento e pelo alcance da tecnologia sem fios que escolher.

4.2.4 Permissões

Tal como referido em [22], as permissões mais comuns utilizadas pelas bibliotecas de anúncios são apresentadas na Tabela 4.1. O que isto mostra é que os anunciantes estão muito interessados em saber o estado do telemóvel

Tabela 4.1: As dez permissões mais comuns utilizadas pelas bibliotecas de anúncios nas 100 aplicações gratuitas mais populares

Autorização	Redes de anúncios que requerem autorização
INTERNET	63
ACCESS_NETWORK_STATE	42
LER_ESTADO_DO_TELEFONE	38
LOCALIZAÇÃO_DE_ACESSO	32
ACCESS_WIFI_STATE	9
ACCESS_COARSE_LOCATION	8
VIBRAR	7
WAKE-LOCK	5
CÂMARA	4
LER-CONTACTOS	3

(quer esteja numa chamada ou não), o acesso ao tipo de rede a que o dispositivo está ligado e a localização específica (GPS) do dispositivo. Como o número de aplicações que são suportadas por bibliotecas de anúncios continua a aumentar, os utilizadores decidiram efetivamente que estão dispostos a permitir que este nível de informação seja transmitido aos anunciantes.

Capítulo 5

Resultados experimentais

Este capítulo apresenta em pormenor os resultados específicos obtidos durante os testes da aplicação de amostra e das bibliotecas de anúncios.

5.1 Objectivos

O principal objetivo dos resultados experimentais era determinar a viabilidade dos dois tipos diferentes de ataques, bem como determinar os efeitos que as definições do utilizador têm na prevenção de partes dos ataques.

5.2 Metodologia

O sistema utilizado para efetuar os testes foi o seguinte. Uma máquina virtual (VM) com o Kali Linux 1.0.9 foi utilizada como servidor proxy para detetar pacotes enviados de uma aplicação personalizada que apresentava as duas redes de publicidade diferentes em actividades separadas,

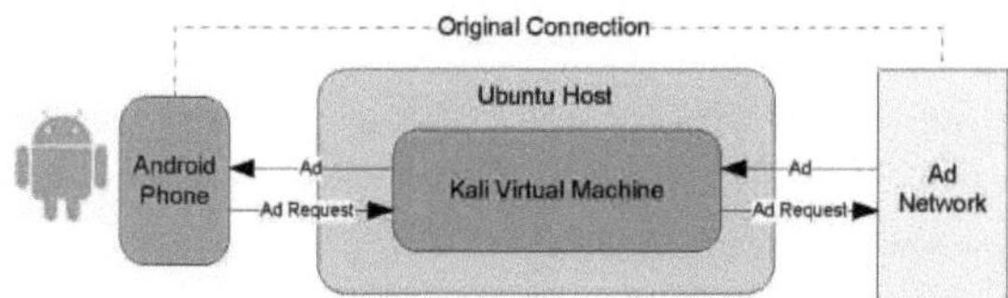

Figura 5.1: Arquitetura do ambiente de teste mostrando o Man in the Middle que a Máquina Virtual Kali. O tráfego original da Web é encaminhado do dispositivo através da VM para permitir a captura e análise de pacotes. Para os ataques `addJavascriptInterface`, as solicitações de anúncios não foram encaminhadas e, em vez disso, uma página HTML pré-empacotada contendo Javascript malicioso foi retornada.

ou vistas do utilizador dentro da aplicação, separando a sua funcionalidade. Os dispositivos de teste, conforme observado na Tabela 5.1, foram configurados para usar a máquina virtual Kali como um servidor proxy. O servidor proxy estava usando o Squid3 e as solicitações de DNS foram interceptadas usando o Bind9. A VM foi hospedada em um host Ubuntu Linux 14.04 com um processador Intel Core i5 e 8GB de RAM. A VM também foi usada como o resolvedor de DNS para poder injetar Javascript malicioso nas WebViews de pedidos de anúncios. A arquitetura para isto pode ser vista na Figura 5.1.

Para analisar as informações contidas no pedido de anúncio, as actividades do anúncio foram carregadas enquanto se captavam os pacotes do pedido. Estas capturas foram depois analisadas para determinar que informações pessoais estavam a ser incluídas. Também foram efectuados testes alterando as preferências de localização do utilizador, bem como se o dispositivo estava ou não em modo avião. Além disso, foram também analisadas as capturas de pacotes de um conjunto de amostras de aplicações comerciais que utilizavam as mesmas bibliotecas de anúncios para garantir que não havia efeitos da execução isolada das bibliotecas de anúncios. Foi determinado que o ambiente de teste não teve impacto nos resultados.

Para testar o ataque `addJavascriptInterface`, o primeiro passo foi criar uma aplicação personalizada com um WebView que foi utilizado para determinar o Javascript malicioso viável e explorar as fraquezas do WebView. Uma vez aperfeiçoado o código de ataque, este foi introduzido numa página Web de teste que se fazia passar por um anúncio. Esta injeção foi feita utilizando

Tabela 5.1: Dispositivos móveis utilizados durante os testes e as respectivas versões do Android

Dispositivo	Versão Android
Samsung Galaxy Nexus	4.2.2
Samsung Galaxy 2	4.1
HTC One X	4.1.2
Samsung Galaxy Ace	2.3

a VM como o resolvedor de DNS para o dispositivo alvo. Quando um pedido de DNS era detectado para um dos URLs da rede de publicidade, era devolvida uma página HTML pré-embalada contendo o Javascript malicioso em vez do anúncio. Num ataque real, isto poderia ser disfarçado para se parecer com um anúncio real ou poderia simplesmente substituir o Javascript que está contido na resposta ao anúncio. Este trabalho foi depois alargado para atacar as WebViews utilizadas para apresentar anúncios em aplicações comerciais obtidas na Google Play Store que também utilizavam a mesma biblioteca de anúncios.

5.3 Estrutura de software

Para testar os vários aspectos desta investigação, foram utilizadas três versões diferentes do Android: 2.3, 4.1 e 4.2. Essas três versões diferentes foram representadas por quatro aparelhos diferentes, cujos detalhes estão listados na Tabela 5.1. Devido a limitações na forma como as definições de proxy foram configuradas no dispositivo Android 2.3, os resultados desse aparelho foram limitados em termos de análise útil.

5.4 Resultados para addJavascriptInterface Attack

Com este ataque, conseguimos mostrar uma série de ataques diferentes que podem ser efectuados. O ataque mais simples consistiu em injetar Java escrito à medida no Javascript apresentado para um WebView que enviava uma mensagem de texto para um número predefinido. O código para esse ataque

```
var sms = Android.getClass().forName("android.telephony.SmsManager")
    .getMethod("getDefault", null).invoke(null, null);
sms.sendTextMessage(phoneNumber, null, message, null, null);
```

Figura 5.2: Código Javascript malicioso que envia uma mensagem de texto para o número designado.

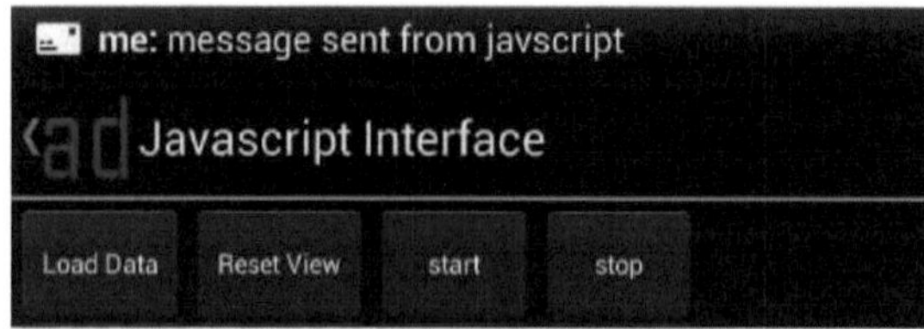

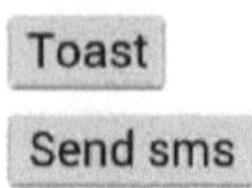

Figura 5.3: Os resultados do ataque por SMS contra o dispositivo alvo. A mensagem SMS foi recebida no dispositivo e é apresentada para pré-visualização na barra de notificações no topo da figura. O remetente "me" indica que o dispositivo enviou a mensagem para si próprio.

O ataque pode ser visto na Figura 5.2 e os resultados são vistos no dispositivo de teste na Figura 5.3. Tentou-se depois alargar o ataque para obter outro vetor de ataque, como ativar uma shell remota ou iniciar uma gravação áudio. No entanto, estes ataques depararam-se com algumas dificuldades técnicas e não puderam ser totalmente implementados.

Foi também tentado injetar o Javascript malicioso num pedido de anúncio, mas devido às definições de configuração utilizadas pelas bibliotecas de anúncios, a resposta infetada não era carregada na moldura do anúncio e o código não era executado. As molduras de anúncios também estavam protegidas contra ataques de repetição utilizando o mesmo conteúdo HTML. Foi determinado que parâmetros adicionais acompanhavam as respostas reais dos anúncios, mas estes não podiam ser reproduzidos.

Como referido na secção 4.1, é possível chamar qualquer método público Java, bem como qualquer método privado, através da reflexão. Devido à reflexão, as possibilidades de vectores de ataque são apenas limitadas pela imaginação dos atacantes e pelas restrições de hardware. Devido à grande variedade de ataques possíveis, estes vectores não foram explorados exaustivamente, sendo apenas realizado um ataque representativo para demonstrar as capacidades de um ataque deste tipo. É também referido em [37] que alguns dispositivos móveis são vulneráveis a determinados ataques, como a gravação remota de vídeo, devido à falta de validação de estado que o hardware efectua. Esta variabilidade no mercado Android permite ataques criativos a uma grande variedade de dispositivos, mas as vulnerabilidades de cada dispositivo dependem do hardware.

5.5 Resultados do ataque de fuga de informação

Aqui, detalhamos os diferentes parâmetros de interesse que são enviados como parte do URL de pedido de anúncio pelas duas bibliotecas de anúncios diferentes e destacamos os resultados que permitiriam aos atacantes identificar potencialmente os indivíduos. A lista completa de parâmetros para ambas as redes de anúncios está listada no Apêndice A.

5.5.1 MoPub

Para compreender melhor as informações que estão a ser divulgadas pelo URL de pedido de anúncio da MoPub, os parâmetros mais interessantes são analisados em pormenor. A lista completa dos parâmetros, bem como a sua análise, pode ser consultada na Tabela A.1 e na Tabela A.2, a última das quais inclui parâmetros que não foram observados como parte dos dados de teste.

Coordenadas GPS As coordenadas GPS do dispositivo são um valor específico da localização; foram efectuados testes para determinar quais das diferentes definições de localização estavam envolvidas. O Android tem três definições específicas de localização que permitem às aplicações utilizar diferentes meios para determinar a localização geográfica de um utilizador e todas elas podem ser alteradas pelo utilizador. As três definições permitem que as aplicações acedam a 1) satélites GPS para determinar a posição, 2) utilizem serviços WiFi e de rede móvel para determinar a posição e 3) utilizem a localização para determinar os resultados apresentados nos produtos Google. A análise inicial levou à hipótese de que a definição de localização GPS era o único controlo sobre a rede de publicidade que enviava coordenadas como parte do pedido. No entanto, após testes adicionais e uma análise mais aprofundada, foi determinado que, se um utilizador tiver especificado a utilização apenas da localização baseada em redes Wi-Fi e móveis, esta não só comunica as coordenadas, como também pode resultar numa localização potencialmente mais precisa. O que é particularmente interessante é o facto de não ser necessária uma ligação celular ou WiFi ativa. A localização que a rede comunica baseia-se na última posição conhecida, sem referência à idade. Se um dispositivo tiver o modo de avião ativado, a posição atual não será actualizada até que a ligação seja restabelecida. A única forma de um dispositivo não comunicar qualquer posição de rede celular é o dispositivo ser iniciado em modo de avião.

Observou-se que a precisão da geolocalização utilizando GPS ou WiFi era de 15 metros no caso do GPS e de 20 metros no caso do telemóvel/WiFi. De acordo com a documentação para determinar a localização, a precisão indicada é o círculo de confiança de 68% em torno da localização real dos utilizadores[14]. Como se pode ver na tabela, não há referências à tecnologia de que a posição é derivada. Além disso, quando o GPS é utilizado, aparece uma notificação ao nível do sistema para o utilizador, indicando a sua utilização. Isto pode ser visto na Figura 5.4. Esta mesma notificação não é utilizada quando é utilizado o posicionamento celular, permitindo que a rede de publicidade comunique localizações geoespaciais específicas sem notificar o utilizador.

Quando a aplicação não tem a permissão de localização fina, que é necessária para localizações GPS, a geoposição comunicada pela rede tem uma precisão de 2000 metros. A documentação especifica que, com apenas a permissão de localização grosseira, "[a aplicação] continuará a devolver resultados de localização, mas a taxa de atualização será reduzida e a localização exacta será ofuscada para um

Figura 5.4: Diferentes indicadores que são mostrados na área de notificação alertando o utilizador para a utilização de sinais GPS para identificar a sua localização. O indicador pulsa até que a sua posição seja identificada, altura em que o indicador fica sólido.

nível de precisão grosseiro" [15].

Para conseguir uma maior precisão do GPS, o Google Maps foi primeiro ativado e o GPS teve a oportunidade de identificar a localização do dispositivo. Como estava num local fechado, nunca se conseguiu um "bloqueio". A aplicação de teste foi então iniciada e o pedido de anúncio foi observado para verificar a maior precisão.

Nome do dispositivo A marca e o modelo específicos do dispositivo foram incluídos em texto simples como parte do pedido. Em conjunto com um `addJavascriptAttack`, um atacante poderia direcionar especificamente a carga útil para explorar vulnerabilidades do dispositivo que o utilizador tem.

Operadora celular Um dos detalhes mais surpreendentes que são transmitidos como parte dos pedidos de anúncios da MoPub é a rede celular que fornece o serviço ao dispositivo. Isto é indicado de várias formas. Em primeiro lugar, alguns pedidos têm um valor de cadeia de caracteres para o campo `cn`, mas os campos `mcc` e `mnc` também podem ser utilizados para identificar o operador de rede em resultado das bandas celulares exclusivas que licenciaram.

Tipo de ligação Além disso, o URL do pedido de anúncio também incluía informações sobre o tipo de ligação à Internet que o dispositivo tinha atualmente, por exemplo, se era celular ou WiFi. Esta informação podia ser utilizada em conjunto com a localização para determinar se o atacante estava no seu local de trabalho ou em casa.

Aplicações instaladas O último parâmetro no pedido de anúncio informa a rede de anúncios se a aplicação do Twitter está ou não instalada. Embora isto faça algum sentido, uma vez que a MoPub é propriedade do Twitter, este comportamento não foi observado com os pedidos da AdMob, apesar de a AdMob ser propriedade da Google e de haver uma grande probabilidade de algumas aplicações da Google também terem sido instaladas. Com a capacidade de as actualizações do Twitter incluírem uma posição, seria possível a um atacante determinar que dispositivo corresponde a pedidos de anúncios específicos.

5.5.2 AdMob

Ao analisar as cadeias de pedidos de URL enviadas pela biblioteca AdMob, a lista seguinte destaca os parâmetros mais interessantes. O Apêndice A contém uma lista completa dos parâmetros de pedido e valores de exemplo.

Nome da aplicação Embora os pedidos da MoPub não incluíssem o nome da aplicação, as respostas da rede de publicidade incluíam. Como estas não faziam parte da análise, foi interessante observar este facto nos pedidos da AdMob. Ao ter o nome da aplicação, um atacante pode correlacionar preferências pessoais que, de outra forma, só estariam disponíveis para a rede de publicidade. Esta informação pode então ser utilizada para identificar o dispositivo individual.

MS Uma parte significativa do URL do pedido foi ocupada por um parâmetro ms que foi seguido por uma cadeia alfanumérica 342, muito provavelmente encriptada. Parece que é aqui que é armazenada a maior parte das informações de rastreio sobre cada utilizador e pedido. Como está encriptada, também protege a segurança e a privacidade dos utilizadores contra o ataque de espionagem.

Informações sobre o tempo Informações específicas sobre o tempo, como o tempo de pedido treq, o tempo para obter o anúncio tf etch, o tempo de resposta tresponse, o tempo de carregamento tload, o tempo de atraso para carregar o anúncio dload e outros foram observados apenas em alguns dos pedidos. Não se sabe como é que algumas destas métricas foram comunicadas como parte do pedido. Verificou-se uma correlação entre os valores destas métricas e o tempo decorrido antes de o anúncio ser apresentado. Os pedidos com um valor de tload baixo apresentaram os seus anúncios muito mais rapidamente do que os pedidos com um valor mais elevado. É provável que exista um atraso no anúncio e que este só tenha sido apresentado depois de decorridos milissegundos de dload ou tload desde a resposta da rede de publicidade. Se estes valores forem demasiado grandes, um atacante pode abortar um ataque, uma vez que a probabilidade de sucesso provavelmente diminui com o tempo.

A corrente do primeiro URL de pedido numa sequência é também o valor utilizado para as bases. Este valor continua a ser utilizado para as basets para os restantes pedidos na mesma sequência.

Localização Depois de investigar os pedidos da MoPub e a sua inclusão de coordenadas de latitude e longitude quando as definições de localização foram activadas pelo utilizador, os pedidos da AdMob foram investigados de forma semelhante. No entanto, ao contrário do MoPub, não existem coordenadas de texto claras. Além disso, foi teorizado que o comprimento do pedido pode mudar quando as definições de localização são activadas. No entanto, mais uma vez não se registou qualquer diferença discernível entre os pedidos que incluíam a localização e os que não incluíam. Por conseguinte, não é possível determinar se um utilizador da AdMob activou as definições de localização simplesmente com base no URL do pedido.

Tipo de conteúdo É mencionado o tipo de conteúdo que deve ser fornecido. Potencialmente, com um espaço de anúncio maior do que um banner, seria possível apresentar vídeos, mas a aplicação de amostra apenas incluía um tamanho de banner. Os atacantes poderiam saber o formato esperado da resposta e lançar um ataque apenas quando o utilizador visse um anúncio HTML.

Sessão Outra nota interessante é o facto de os pedidos feitos temporalmente próximos uns dos outros estarem associados ao mesmo *ID de sessão.* Os pedidos de anúncios subsequentes aumentam o contador *seq-num* em um. Esta parece ser outra forma de rastrear o utilizador, mas também pode ser utilizada para mostrar um número limitado de anúncios para diminuir o tempo de carregamento, armazenando em cache os anúncios na rede de publicidade.

A informação do fornecedor de serviços da operadora também foi indicada como um dos campos. Mais uma vez, esta informação só estava disponível quando o dispositivo tinha serviço de telemóvel. A quantidade de informações sobre a operadora era menor do que a solicitada pela MoPub, com apenas um único valor sendo informado em vez de três.

Comprimento do URL Para todos os pedidos, o último parâmetro é o comprimento do URL, que é provavelmente utilizado como uma forma de correção de erros. No entanto, esta localização é suscetível de ser atacada se for também uma medida de segurança. Um atacante pode modificar o fluxo do pedido antes do final, adicionando, removendo ou modificando parâmetros e valores conforme necessário e, em seguida, recalcular o comprimento do URL como resultado. Isto permitir-lhes-á fazer quaisquer alterações necessárias para o seu ataque e o comprimento do URL não reflectirá os parâmetros modificados.

5.6 Anúncios como um serviço

Embora os dois ataques anteriores sejam possíveis em aplicações comerciais, prestando-se a um vetor de ataque mais amplo, existe também uma forma adicional de utilizar anúncios de uma forma mais clandestina. Ambas as bibliotecas de anúncios inspeccionadas eram capazes de funcionar em segundo plano como um serviço, fora da vista do utilizador, submetendo cada uma delas um pedido de anúncio e carregando o anúncio com sucesso. Esta funcionalidade poderia ser utilizada por um programador de aplicações malicioso, através da qual as vulnerabilidades da estrutura de anúncios aqui descritas poderiam ser utilizadas para explorar o dispositivo. Embora este não seja o caminho mais direto para explorar um dispositivo, é um caminho que escaparia às ferramentas de análise estática que procuram comportamentos maliciosos.

Capítulo 6

Conceção de uma biblioteca de anúncios segura

Princípios

A solução para proteger a privacidade do utilizador e a segurança dos dispositivos móveis pertence a muitas partes diferentes, desde os utilizadores finais até às redes de publicidade, tendo cada uma delas uma parte da responsabilidade. Neste capítulo, discutiremos as medidas que os diferentes intervenientes podem tomar para proteger os utilizadores e permitir um ambiente mais seguro.

6.1 Abordagem das vulnerabilidades

Nesta secção, discutimos uma variedade de facetas através das quais a segurança dos dispositivos móveis pode ser melhorada, tanto na perspetiva do programador de aplicações como na do utilizador final.

6.1.1 Permissões estranhas

Com base no trabalho de [6, 22, 29], fornecemos várias recomendações sobre como limitar as permissões estranhas, a fim de limitar a exposição dos dados e informações do utilizador a potenciais ataques. A primeira sugestão seria que os programadores tivessem o seu código auditado, quer internamente como parte de um processo de revisão de código, quer externamente por outra organização de confiança. Os documentos acima mencionados indicaram a confusão do programador como a fonte mais provável de quais as permissões necessárias e quais as não necessárias. Uma análise mais cuidadosa da concessão de permissões limitaria a superfície de ataque das aplicações. As auditorias de código também teriam o benefício adicional de ajudar a descobrir outras potenciais vulnerabilidades, riscos de segurança e defeitos de codificação antes de chegarem ao ambiente de produção. Embora houvesse um custo inicial maior para auditar o código, sabe-se há muito tempo que é muito mais caro corrigir um defeito depois que ele chega ao lançamento, permitindo que a organização recupere os fundos perdidos ao longo do tempo. As ferramentas criadas pelos investigadores acima mencionados seriam também um meio rentável de limitar a entrada de permissões estranhas na aplicação, fornecendo uma análise estática do código e das permissões necessárias para executar cada módulo.

6.1.2 Comando e controlo fracos

Para que os programadores limitem melhor a quantidade de informação que pode ser observada a partir da inspeção de pacotes, recomenda-se que o HTTPS seja utilizado para encriptar todo o tráfego Web. Além disso, o pedido de um anúncio deve ser feito após o estabelecimento da ligação segura, em vez da abordagem atual de enviar o pedido antes de a ligação estar protegida. Esta abordagem reduziria significativamente a fuga de informação através do canal inseguro. Embora exigisse um par adicional de pedido/resposta HTTP, ao aguardar até que a ligação segura fosse estabelecida, trata-se de uma sobrecarga mínima em comparação com os benefícios de segurança que proporcionaria aos utilizadores.

Se, por algum motivo, não for possível utilizar HTTPS, pode ser utilizada uma segurança adicional, como a encriptação dos valores dos parâmetros com um segredo pré-partilhado entre a empresa da biblioteca de anúncios e os criadores de aplicações, que pode ser estabelecido durante o registo da aplicação na biblioteca de anúncios. Esta chave secreta pode ser partilhada da mesma forma que os identificadores únicos de cada anúncio são partilhados com os programadores.

Deve também notar-se que, com as crescentes capacidades de desempenho da maioria dos dispositivos móveis modernos, o excesso de computação e de recursos necessários para implementar o HTTPS é insignificante.

6.1.3 Alterações do ecossistema

Em contraste com a segmentação que está presente no ecossistema Android, o leitor é apontado para o suporte de longa duração que a Microsoft tinha para o seu outrora popular sistema operativo XP. A Microsoft lançou o Windows XP em agosto de 2001 e continuou a lançar actualizações até abril de 2014, quase 13 anos depois. Embora os computadores de secretária e portáteis sejam um mercado diferente do dos dispositivos móveis, isto prova que é possível suportar várias plataformas e capacidades de dispositivos durante um longo período de tempo.

Este tipo de apoio poderia ser conseguido disponibilizando actualizações de segurança em pequenas partes, tal como acontece com as plataformas de desktop. A arquitetura do Android poderia ser alterada de modo a que pequenas partes do sistema operativo pudessem ser descarregadas a partir de um servidor de actualizações fiável, sendo os próprios ficheiros assinados por uma chave privada pertencente à Google, que resolveria as vulnerabilidades à medida que estas fossem conhecidas e corrigidas pela Google. Isto permitiria que os dispositivos mais antigos continuassem a beneficiar de actualizações, sem serem obrigados a atualizar para a versão mais recente do Android, que pode não estar disponível para o seu dispositivo.

6.1.4 Injeção de código

Devido às diferenças técnicas entre o Android 4.1 e o 4.2, as possíveis soluções para mitigar o ataque de injeção de código dependem da plataforma.

Android 4.1 e versões anteriores

O Android 4.1 e versões anteriores continuam a ser uma plataforma popular, com cerca de 50% da quota de mercado[12]. Para proteger estes utilizadores, há uma série de recomendações que podem ser feitas. A primeira é limitar o tipo de publicidade que está disponível para estes dispositivos. Uma vez que este ataque específico requer uma WebView, qualquer anúncio que não seja apresentado numa WebView seria uma alternativa mais segura, como os anúncios em vídeo. Também seria possível para os programadores remover a funcionalidade de publicidade nestes dispositivos para proteger os seus utilizadores. Seria uma decisão que o programador teria de tomar para estabelecer um equilíbrio entre a segurança dos seus utilizadores e a perda de receitas da publicidade. Outra solução seria eliminar completamente estes dispositivos da lista de dispositivos suportados. Os programadores de aplicações têm de especificar a versão mínima do SDK necessária para suportar as suas aplicações e, se a definirem para uma versão do Android mais recente do que a 4.1, isso limitará significativamente esse ataque.

Idealmente, a desativação do Javascript para um WebView forneceria a proteção necessária ao mesmo tempo que proporcionaria a máxima funcionalidade, mas tal não é possível, mesmo nas versões mais recentes do Android.

Como uma abordagem equilibrada que funcionará sem alterações significativas na aplicação subjacente ou no próprio Android, os programadores de aplicações podem criar uma lista branca codificada de recursos aceitáveis que devem ser carregados no WebView. Ao limitar estes recursos aos anúncios esperados, evita-se a possibilidade de carregar um recurso estranho e malicioso.

Android 4.2 e mais recente

Com as alterações implementadas no Android 4.2, que exigem que as anotações sejam adicionadas aos métodos Java que são chamados a partir do Javascript, isso reduziu significativamente a superfície de ataque dos dispositivos mais recentes. Como resultado destas alterações, é altamente recomendável que os programadores de aplicações considerem cuidadosamente qualquer funcionalidade a que possam adicionar a anotação e determinem se a funcionalidade pode estar disponível através de outros meios. Caso contrário, deve ser feita uma análise cuidadosa para determinar se o risco para os utilizadores vale o ganho. Se não houver alternativas, devem ser utilizadas práticas de codificação cuidadosas para minimizar o risco de exploração. Os programadores de aplicações também podem utilizar algumas das mesmas práticas enumeradas na Secção 6.1.1 e utilizar uma forma de análise de código.

6.1.5 Recomendações dos utilizadores

Para além das alterações sugeridas aos programadores, os utilizadores também têm um controlo significativo na limitação da sua exposição a ataques maliciosos. Para limitar a transmissão de informações de geolocalização, as definições de localização podem ser desactivadas quando não estão a ser utilizadas. Isto torna a utilização de certas funcionalidades menos conveniente, mas o compromisso é entre a conveniência, por um lado, e a privacidade e a segurança, por outro.

Os utilizadores também só devem instalar aplicações de fontes fidedignas, como a loja Google Play, e o dispositivo não deve permitir a instalação de aplicações de fontes desconhecidas. Recentemente, a Google tomou algumas medidas adicionais para limitar a capacidade dos sítios Web e de outras fontes não fidedignas de instalar aplicações num dispositivo.

Limitar a utilização de hotspots WiFi públicos ou não seguros reduz a possibilidade de outra entidade poder intercetar transmissões que lhe permitam realizar os ataques descritos nesta tese.

Recomenda-se também que os utilizadores estejam atentos a quaisquer actualizações de software disponíveis para o seu aparelho específico e as apliquem o mais rapidamente possível. No entanto, isto é dificultado pela segmentação e pelo ciclo de atualização inconsistente para todos os aparelhos, como descrito na secção 3.3.

6.2 Arquitetura para uma biblioteca de publicidade segura

Para que a distribuição de anúncios seja um empreendimento seguro e sustentável para os utilizadores, os operadores de rede, os criadores de aplicações, as redes de anúncios e os anunciantes, é necessário introduzir alterações para proteger melhor a segurança dos dispositivos móveis e dos utilizadores. Para esse efeito, apresentamos várias sugestões de complexidade variável e melhorias de segurança a considerar. Para além destas sugestões, também descrevemos as vulnerabilidades de segurança que elas abordam.

A primeira sugestão seria implementar um dos muitos esquemas diferentes de separação de permissões entre bibliotecas de anúncios e aplicações, como foi discutido na Secção 3.5. Um exemplo disso é visto na Figura 6.1, que foi proposto por Pearce et al. em [29]. A sua solução separa o mecanismo de comunicação de anúncios da aplicação e consolida toda a comunicação de anúncios num novo serviço do sistema operativo. Se uma aplicação quiser pedir um anúncio, será enviado um sinal para o serviço AdDroid, que terá o seu próprio conjunto de verificações de permissões que correspondem a cada aplicação. Se a aplicação tiver permissão para pedir um anúncio, o serviço comunicará de forma segura com a rede de anúncios, transmitindo todas as informações necessárias para satisfazer o pedido. Assim que o pedido de anúncio for satisfeito, o serviço envia o pedido de anúncio completo de volta para a aplicação, onde o anúncio é apresentado ao utilizador.

Uma solução mais direta seria a Google adicionar uma interface comum de biblioteca de anúncios

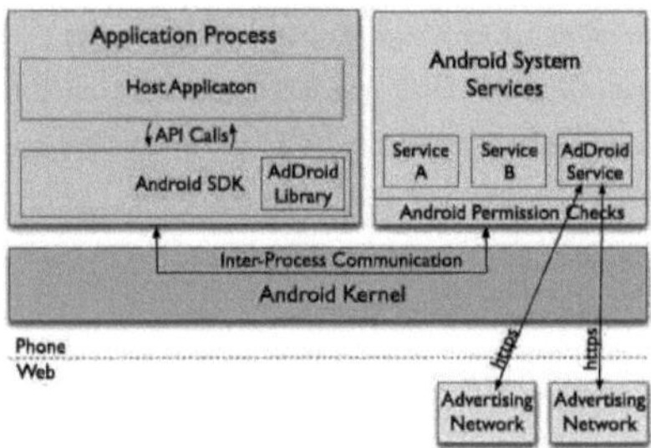

Figura 6.1: Sugestão de arquitetura de [29] que acrescenta um novo serviço através do qual todas as aplicações têm de comunicar para receber anúncios. (Paul Pearce et al. "AdDroid: Privilege Separation for Applications and Advertisers in Android". In: Actas do 7º Simpósio ACM sobre Segurança da Informação, Computadores e Comunicações. ASIACCS 12. Seul, Coreia: ACM, 2012, pp. 7172. Usado sob uso justo, 2014).

para o SDK do Android. Essa interface proporcionaria um fluxo de trabalho uniforme para os criadores de aplicações solicitarem anúncios à rede de publicidade, independentemente da sua escolha de rede de publicidade. A arquitetura do sistema proposto é apresentada na Figura 6.2.

Esta arquitetura unificada seria capaz de proteger os utilizadores de uma variedade de ameaças. O facto de ser incluída no Android SDK padrão indicaria um elevado padrão de qualidade, algo que é questionável para outras bibliotecas de anúncios. Ao incluí-la no SDK do Android, haveria também a vantagem de ser de código aberto, para que os programadores e profissionais de segurança fora da Google pudessem examinar o código utilizado e identificar vulnerabilidades de segurança que poderiam ter passado despercebidas antes de ser lançado. A natureza de fonte aberta da interface de anúncios também permitiria que as redes de anúncios pudessem configurar as suas redes para funcionarem com a mudança de formato. É certo que serão utilizadas as melhores práticas de software, que farão uso de canais seguros de comando e controlo, utilizando HTTPS para encriptar o tráfego entre o dispositivo e a rede de publicidade. À medida que forem identificadas vulnerabilidades de segurança, estas serão corrigidas e lançadas juntamente com actualizações do SDK. Como já foi referido

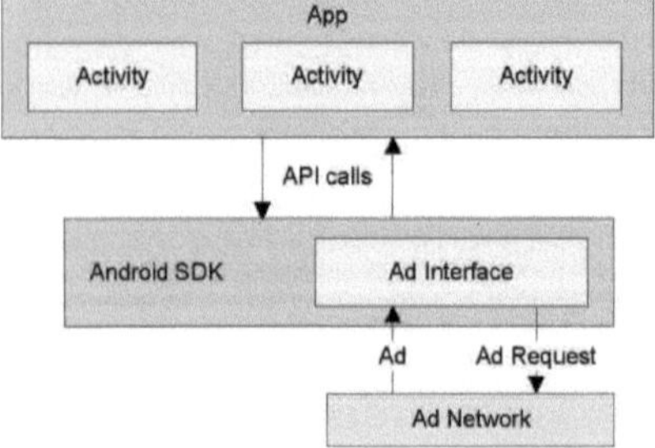

Figura 6.2: Solução proposta para a comunicação segura de anúncios entre a rede de anúncios e as aplicações. Aqui, a biblioteca de anúncios foi substituída por uma interface de anúncios como componente do SDK do Android.

Anteriormente, o ciclo de lançamento e a segmentação do Android resulta em actualizações atrasadas para determinados dispositivos, mas a uniformidade desta abordagem supera estes detractores.

Esta interface comum teria também a vantagem de permitir substituições muito simples de bibliotecas de anúncios do ponto de vista da codificação. Se se determinasse que uma biblioteca de anúncios não estava a satisfazer as necessidades do programador da aplicação, poderia ser encontrada uma substituta e imediatamente introduzida como substituta com poucas ou nenhumas alterações necessárias devido à abordagem comum na apresentação de anúncios entre todas as bibliotecas de anúncios. Como uma das caraterísticas de uma boa codificação, as interfaces limpas e reutilizáveis também são uma prática recomendada de codificação.

Se os dados privados de um utilizador nunca forem enviados pelo ar, não podem ser interceptados por um espião. As melhorias anteriores centraram-se em impedir as vulnerabilidades na fonte, e o mesmo pode ser feito para as informações pessoais que estão disponíveis para a rede de publicidade em primeiro lugar. Pearce e Shekhar propuseram que fossem acrescentadas novas permissões para impedir o acesso da publicidade a informações pessoais. No seguimento da proposta de transferir a funcionalidade de publicidade para o SDK do Android, esta proposta continua a ter uma localização conveniente como parte da solução global. Tal como proposto em [29] e [33], seriam apresentadas aos utilizadores permissões adicionais indicando que informações pessoais estavam a ser solicitadas pela componente publicitária. Esta situação manter-se-ia.

O outro ataque que foi identificado, a exploração da `interface addJavascriptInterface` das WebViews, já foi em grande parte resolvido do ponto de vista arquitetónico através de uma atualização do SDK do Android. Esta medida já demonstra a vontade da Google de resolver problemas significativos através da atualização do SDK. Devido à natureza desta vulnerabilidade, as recomendações feitas nas secções 6.1.2 e 6.1.4 são mais importantes do que quaisquer alterações à arquitetura.

6.3 Alternativas

Em alternativa à apresentação de anúncios na aplicação, o programador de aplicações pode oferecer-se para vender a sua aplicação por uma taxa ou oferecer compras na aplicação. Essas compras na aplicação são frequentemente utilizadas para desbloquear conteúdos adicionais ou permitir uma maior flexibilidade na forma como a aplicação é utilizada, como por exemplo permitir a gravação em full HD numa aplicação de filmes. Ao remover os anúncios, a aplicação teria uma superfície de ataque muito mais pequena, sobre a qual o programador teria total controlo e que estaria sujeita a muito mais escrutínio, uma vez que se trataria da troca de dinheiro por bens. Algumas das aplicações mais populares e mais rentáveis da loja Google Play implementam este modelo de receitas.

Capítulo 7

Conclusão e trabalho futuro

Embora muitos avanços tenham sido feitos através deste trabalho, ainda há espaço para mais avanços. Apresentam-se aqui algumas ideias para avanços.

7.1 Trabalho futuro

Esta investigação considerou apenas dois vectores de ataque diferentes contra anúncios em aplicações Android. Embora tenha produzido resultados significativos, esta é apenas uma amostra das potenciais vulnerabilidades que estão expostas à forma mais comum de os programadores de aplicações financiarem as suas aplicações. Para compreender melhor as bases do que é possível, um estudo de outras vulnerabilidades de segurança, bem como uma avaliação da sua viabilidade e aplicabilidade, seria muito útil para proteger os utilizadores de atacantes maliciosos.

Para além disso, este trabalho apenas considerou duas bibliotecas de anúncios, a AdMob e a MoPub. Devido à natureza aberta do Android e ao mercado livre que existe na economia global, há muitas mais bibliotecas de anúncios a funcionar no ecossistema Android. Embora [1] apresente uma lista das bibliotecas de anúncios mais populares, pode haver algumas que sejam extremamente populares num segmento de mercado específico, como na China ou noutros países asiáticos, que não são captadas num inquérito alargado como o apresentado. Uma análise mais pormenorizada de outras bibliotecas de anúncios é essencial para compreender o panorama de segurança que existe no mercado. Esta análise adicional também permitiria determinar se as vulnerabilidades de segurança aqui identificadas são casos isolados ou se são endémicas de todo o ecossistema publicitário.

Existe também um potencial significativo para um sistema que satisfaça as necessidades dos anunciantes, mas que solicite informações de uma forma que limite a exposição de dados privados a escutas, bem como aumente a privacidade dos utilizadores. Outro trabalho futuro interessante poderia ser feito para determinar se existe um limite para o tipo de dados expostos através de ataques `addJavascriptInterface` para incluir itens como a leitura de secções arbitrárias da memória ou a chamada de métodos nativos para aceder a controlos de hardware. O Android tem a capacidade de chamar métodos nativos que foram escritos em C/C++; a viabilidade de chamar tais funções é deixada como um problema em aberto. Dependendo do dispositivo, podem existir funcionalidades adicionais acessíveis, como a gravação de áudio e a captação de imagens e filmes. Uma análise dos dispositivos mais susceptíveis seria bastante benéfica.

7.2 Conclusão

Com a grande variedade de dados pessoais e privados que estão presentes nos dispositivos móveis e o facto de nos seguirem para onde quer que vamos, são alvos ideais para potenciais atacantes. Este atrativo aumenta quando consideramos também a possibilidade de os dispositivos móveis conterem informações comerciais, como e-mails e relatórios da empresa. Qualquer que seja a motivação dos atacantes, quer seja para ganhos financeiros, explorações pessoais ou para se gabarem, os dispositivos móveis apresentam uma série de oportunidades para os atacantes roubarem informações a utilizadores desconhecidos.

A par da atratividade dos dispositivos móveis, os utilizadores descarregam e utilizam uma grande variedade de aplicações gratuitas que são suportadas por receitas de publicidade. A maioria das aplicações gratuitas na loja Google Play é suportada por publicidade e o número de aplicações deste tipo está a aumentar constantemente. Para apresentar estes anúncios, foram empacotadas bibliotecas especiais de anúncios juntamente com a aplicação, que contêm vulnerabilidades que podem ser exploradas para obter informações do dispositivo. Quando os utilizadores vêem um anúncio na aplicação que estão a utilizar, não há qualquer reconhecimento consciente da possibilidade de ter ocorrido um lapso de segurança. Esta falta de sensibilização dos utilizadores, bem como as vulnerabilidades na forma como os anúncios são apresentados, tornam-nos um alvo privilegiado para a exploração de dispositivos móveis.

Neste trabalho, explorámos em pormenor duas destas diferentes vias através das quais os dispositivos móveis podem ser explorados. A primeira utiliza o mecanismo de visualização que mostra pequenas partes de HTML, conhecidas como WebViews. Uma vez que estas se comportam de forma muito semelhante a um navegador Web normal, existe também a capacidade de as WebViews lidarem com Javascript, que também foi incluída. Para tornar as WebViews mais apelativas para os programadores, o Android tem um mecanismo de ligação, `addJavascriptInterface`, que permite que sejam feitas chamadas de métodos Android baseados em Java a partir do Javascript que a WebView apresenta. Se um atacante carregar o seu próprio Javascript malicioso em vez do pretendido pela rede de publicidade, é possível a exploração total do dispositivo Android.

O segundo ataque que foi investigado foi a informação sobre o utilizador e o dispositivo, uma vez que a biblioteca de anúncios fez um pedido para apresentar um anúncio através do URL de pedido de anúncio. Este pedido contém uma grande quantidade de informações pessoais sobre os utilizadores, que também podem incluir a sua localização GPS exacta.

Embora os ataques sejam dignos de nota, o verdadeiro avanço foi a discussão sobre o desenvolvimento de contramedidas eficazes para combater estes e outros ataques. Estas incluíram ideias como a separação das permissões das bibliotecas de publicidade das aplicações que suportam, a criação de uma interface de publicidade unificada como parte do SDK do Android para fornecer uma camada de comunicação segura e a modificação das aplicações em dispositivos mais antigos para as proteger de vulnerabilidades tão graves.

Os dispositivos móveis continuarão a moldar o futuro panorama do ambiente informático. Para tal, é necessário manter a privacidade dos utilizadores e a segurança das informações que se encontram nos seus dispositivos. A investigação aqui apresentada visa atingir estes dois objectivos, especialmente no contexto do fornecimento seguro de anúncios a aplicações no ecossistema Android.

Apêndice A

Parâmetros de pedido de URL

A Tabela A.1 mostra uma amostra de um URL de pedido de anúncio da MoPub, bem como o significado de cada um dos parâmetros. Para este pedido, o dispositivo estava em modo Avião e as definições de localização eram tais que apenas as redes WiFi e a ligação celular podiam ser utilizadas para ajudar a geolocalizar o dispositivo. Há parâmetros adicionais listados na Tabela A.2 que não foram observados em nenhum dos pedidos de anúncios de teste.

Tabela A.1: URL de pedido de anúncio da atividade MoPub 2014-10-10_1232 com o modo de avião ativado e a localização só pode ser determinada utilizando redes WiFi e celulares. As IDs completas do bloco de anúncios e do udid foram ocultadas por motivos de privacidade. As coordenadas GPS referem-se a uma localização perto do Centro de Investigação Virginia Tech Arlington, onde os testes foram efectuados.

Parâmetro	Valor	Definição
id	cd93fa0dexxxxxxxxxxxxxxxxxxxxxxxxxxxxxxx	Identificador do anúncio
nv	2.1	Versão do SDK da biblioteca de anúncios
dn	samsung,Galaxy Nexus,mysid	Informações sobre o dispositivo
udid	ifa:A16281fb7-fec3-4786-b6ec-xxxxxxxxxxxx	ifa: ID do Google Play Services sha: ID do dispositivo Android
ll	38.88288288288288,-77.12444365826433	Latitude e Longitude
lla	2000	Precisão (metros)
z	-400	Desvio de fuso horário
o	p	Orientação ((p)ortrait, (l)andscape, (s)quare)
sc_a	2	Densidade
senhor	1	Bandeira da Mraid (1=presente)
mcc	311	Telemóvel Código do país
mnc	480	Código da rede móvel
cn	Verizon Wireless	Nome do transportador
ct	2	Tipo de rede (WiFi=2, Móvel=3)
av	1	Versão de aplicação
Android, permanentes. armazenamento_externo	1	Armazenamento externo Autorização concedida

ts	1 70	Aplicação do Twitter instalada (1=Sim)

Tabela A.2: Parâmetros URL que não foram observados no tráfego Web de amostra, bem como as suas definições.

Parâmetro	Definição
dnt	Não rastrear
v	Versão da API
udid	ID do dispositivo (semelhante ao ifa ou sha)
q	Cadeia de consulta (palavras-chave)
iso	Código ISO do país

A Tabela A.3 mostra uma amostra da cadeia de consulta AdMob que foi capturada. O campo ms foi truncado por uma questão de brevidade. Algumas definições foram deixadas em branco por falta de provas que sustentem a sua funcionalidade.

Tabela A.3: Parâmetros e definições do URL do pedido AdMob

Parâmetro	Valor	Definição
sessãoJd	15361362647424100000	ID da sessão de anúncios
seq_num	4	Anúncio apresentado na mesma sessão
rm	1	
js	afma-sdk-a-v6188000.4452000.1	
hl	en	Idioma do dispositivo
gn t	13	
ma	0	
transportadora	311480	Operador de telemóvel (Verizon)
Parâmetro	Valor	Definição
u_sd	2	
esp	0	
cnt	1	Contagem de anúncios
muv	3	
rasgar	0	
ms	VVhmtyop5PkoCf87p43plcod. . .	Informações encriptadas sobre anúncios e dispositivos

mv	80300031.com.android.vending	Nome da biblioteca de anúncios
formato	320x50_mb	Tamanho do anúncio
coh	1	
gl	EUA	Código do país
am	0	É de manhã? (1=sim)
u_w	360	Largura do ecrã
u_h	640	Altura do ecrã
msid	edu.vt.AdMobTest	Nome do pacote da aplicação
nome_da_aplicação	1.android.edu.vt.AdMobTest	Nome do pacote da aplicação
um	1.android.edu.vt.AdMobTest	Nome do pacote da aplicação
líquido	wi	Tipo de ligação (wi=WiFi)
u_audio	3	Tipo de áudio (3=altifalantes, 2=auscultadores)
u_so	p	Orientação do ecrã ((p)ortrait, (l)andscape)
pré-requisitos	3	
Parâmetro	Valor	Definição
apoio- trans pai- atrás chão	FALSO	A aplicação suporta fundo transparente
chulo	3	
correntes	70776591	Hora atual
clique	0	
bases	68709284	Tempo de base
treq	69421467	Hora do pedido
tfetch	69421751	Hora da recuperação do anúncio
trespasse	69433386	Hora da resposta ao anúncio
tload	69433928	Tempo de carregamento do anúncio na rede de publicidade
dload	12461	Atraso para carregar o anúncio (ms)

timp	69433928	Hora da impressão
pcc	0	
ismediação	FALSO	Está a ser utilizada uma rede de anúncios de mediação (intermédia)
biscoito	FALSO	
blev	0.6100000143	
latas	5	
canm	FALSO	A aplicação pode utilizar uma rede de mediação
resultado	html	Tipo de anúncio a apresentar
região	app_móvel	Dispositivo de destino
Parâmetro	Valor	Definição
u_tz	-300	Desvio de fuso horário
cliente _sdk	1	Versão da aplicação
ex	1	
cliente	ca-app-pub-3550757145636180	Anunciante
nome da ranhura	6984458958	ID da campanha do anunciante
perguntar	3	Permitir que o anúncio seja ignorado? (1=Sim, 2=Não, 3=após 5 segundos)
gsb	wi	Tipo de rede (wi=WiFi)
tampas	inlineVideo_ interactiveVideo_ mraid1_ th_ autoplay_ mediation. av_ sdkAd- mobApiForAds-di	
eid	46621044	
jsv	130	

Bibliografia

[1] AppBrain. Redes de anúncios para Android. 2014. url: http : / /www . appbrain . com/ stats / libraries/ad (visitado em 17/10/2014).

[2] AppBrain. Distribuição de aplicações Android gratuitas vs. pagas. 2014. url: http : / / www. appbrain.com/stats/free-and-paid-android-applications (visitado em 22/10/2014).

[3] Theodore Book e Dan S. Wallach. "Um caso de conluio: A Study of the Interface Between Ad Libraries and Their Apps" (Um caso de conluio: um estudo da interface entre bibliotecas de anúncios e as suas aplicações). In: Proceedings of the Third ACM Workshop on Security and Privacy in Smartphones and Mobile Devices. SPSM '13. Berlim, Alemanha: ACM, 2013, pp. 79-86.

[4] Quang Do, B. Martini, e K.-K.R. Choo. "Enhancing User Privacy on Android Mobile Devices via Permissions Removal" (Melhorar a privacidade do utilizador em dispositivos móveis Android através da remoção de permissões). Em: Ciências do Sistema (HICSS), 2014 47ª Conferência Internacional do Havaí. 2014, pp. 5070-5079.

[5] S. Dolev et al. "Exploiting simultaneous usage of different wireless interfaces for security and mobility". Em: Future Generation Communication Technology (FGCT), 2013 Second International Conference on. 2013, pp. 21-26.

[6] William Enck et al. "Um estudo sobre a segurança das aplicações Android". In: Actas da 20ª Conferência USENIX sobre Segurança. SEC'11. São Francisco, CA: Associação USENIX, 2011, pp. 21-21.

[7] Adrienne Porter Felt et al. "Android Permissions Demystified" (Permissões do Android desmistificadas). In: Anais da 18ª Conferência da ACM sobre Segurança de Computadores e Comunicações. CCS '11. Chicago, Illinois, EUA: ACM, 2011, pp. 627-638.

[8] E. Fernandes, B. Crespo, e M. Conti. "FM 99.9, vírus de rádio: Explorando transmissões de rádio FM para implantação de malware". In: Information Forensics and Security, IEEE Transactions on 8.6 (2013), pp. 1027-1037.

[9] Andrei Frumusanu. Um olhar mais atento ao Android RunTime (ART) no Android L. 2014. url: http : //anandtech . com/show/8231/a- closer - look - at - android - runtime - art-in-android-l (visitado em 11/11/2014).

[10] Clint Gibler et al. "AdRob: Examinar o panorama e o impacto do plágio de aplicações Android". In: Procedimentos da 11ª Conferência Internacional Anual sobre Sistemas Móveis, Aplicações e Serviços. MobiSys '13. Taipei, Taiwan: ACM, 2013, pp. 431-444.

[11] Google. FAQ da estrutura de aplicações Android. 2014. url: http://developer.android. com/guide/faq/framework.html (visitado em 11/11/2014).

[12] Google. Painéis de controlo do Android. 2014. url: http : / / developer . android . com / about / dashboards/index.html (visitado em 17/10/2014).

[13] Google. Android, a plataforma móvel mais popular do mundo. 2014. url: http : / / developer.android.com/about/index.html (visitado em 30/10/2014).

[14] Google. Localização - Programadores Android. 2014. url: https://developer. android. com/reference/android/location/Location.html (visitado em 30/10/2014).

[15] Google. LocationManager - Programadores Android. 2014. url: https : / / developer . android . com / reference / android / location / LocationManager . html (visitado em 30/10/2014).

[16] Michael Grace et al. "Unsafe Exposure Analysis of Mobile In-App Advertisements" (Análise da exposição insegura de anúncios em aplicações móveis). Em: Segurança e Privacidade em Redes Móveis e Sem Fios (WISEC '12), Actas da quinta conferência ACM sobre. 2012, pp. 101-112.

[17] Mordechai Guri et al. "AirHopper: Bridging the Air-Gap between Isolated Networks and Mobile Phones using Radio Frequencies". Em: Malicious and Unwanted Software (MALCON 2014), Actas da 9.ª Conferência Internacional do IEEE. 2014.

[18] D. Hartley. Execução de código remoto do WebView addJavascriptInterface. https://labs. mwrinfosecurity.com/advisories/2013/09/24/webview-addjavascriptinterface- remote-code-execution/. (visitado em 2014/11/19).

[19] Yuichi Hayashi et al. "A Threat for Tablet PCs in Public Space: Visualização Remota de Imagens de Ecrã Utilizando Emanação EM". In: Anais da Conferência ACM SIGSAC 2014 sobre Segurança de Computadores e Comunicações. CCS '14. Scottsdale, Arizona, EUA: ACM, 2014, pp. 954-965. url: http : / / doi . acm . org/ 10 . 1145 / 2660267 . 2660292.

[20] IAB. Gabinete de Publicidade Interactiva: Diretrizes de medição da publicidade na Web móvel. 2011. url: http://www. iab.net/media/file/MobileWebMeasurementGuidelines_ final.pdf (visitado em 30/10/2014).

[21] jduck e joev. Execução de código do navegador Android e do WebView addJavascriptInterface. 2013. url: http://www.rapid7.com/db/modules/exploit/android/browser/ webview_addjavascriptinterface/ (visitado em 21/10/2014).

[22] H. Kawabata et al. "SanAdBox: Sandboxing de bibliotecas de publicidade de terceiros numa aplicação móvel". Em: Communications (ICC), 2013 IEEE International Conference on. 2013, pp. 2150-2154.

[23] Neeraj Kumar. O que é a máquina virtual dalvik no android. 2014. url: http : //www. 87android . com/ what - is - dalvik - virtual - machine - in - android/ (visitado em 18/11/2014).

[24] H. Kuzuno e S. Tonami. "Geração de assinaturas para fuga de informação sensível em aplicações android". Em: Workshops de Engenharia de Dados (ICDEW), 2013 IEEE 29ª *Conferência Internacional sobre.* 2013, pp. 112-119.

[25] Mitre. *Vulnerabilidades e exposições comuns.* 2013. url: https : //cve . mitre.org (visitado em 18/11/2014).

[26] I Mojica Ruiz et al. "On the Relationship between the Number of Ad Libraries in an Android App and its Rating". Aceite para publicação na IEEE Software. 2014.

[27] A Narayanan, Lihui Chen e Chee Keong Chan. "AdDetect: Deteção automatizada de bibliotecas de anúncios para Android usando análise semântica". Em: *Sensores inteligentes, redes de sensores e processamento de informações (ISSNIP), 2014 IEEE Nona Conferência Internacional sobre*. 2014, pp. 1-6.

[28] OpenSignal. *Fragmentação do Android visualizada.* 2013. url: http://opensignal.com/ reports/fragmentation-2013/ (visitado em 20/11/2014).

[29] Paul Pearce et al. "AdDroid: Separação de privilégios para aplicações e anunciantes no Android". In: *Anais do 7º Simpósio ACM sobre Segurança da Informação, Computador e Comunicações*. ASIACCS '12. Seul, Coreia: ACM, 2012, pp. 71-72.

[30] Xiong Ping et al. "Deteção de malware para Android com padrões de permissão contrastantes". In: *Comunicações, China* 11.8 (2014), pp. 1-14.

[31] Segurança ofensiva. *Base de dados de exploits*. 2014. url: http : / /www . exploit - db . com/ (visitado em 15/11/2014).

[32] A. Seneviratne et al. "Reconciling bitter rivals: Towards privacy-aware and bandwidth efficient mobile Ads delivery networks". Em: *Sistemas e Redes de Comunicação (COMSNETS), 2013 Fifth International Conference on*. 2013, pp. 1-10.

[33] Shashi Shekhar, Michael Dietz e Dan S. Wallach. "AdSplit: Separating Smartphone Advertising from Applications". In: *Actas da 21ª Conferência USENIX sobre o Simpósio de Segurança*. Security'12. Bellevue, WA: Associação USENIX, 2012, pp. 2828.

[34] Instituto Nacional de Normas e Tecnologia. *Base de dados nacional de vulnerabilidades*. 2014. url: https://web.nvd.nist.gov (visitado em 18/11/2014).

[35] G. Suarez-Tangil et al. "Evolução, deteção e análise de malware para dispositivos inteligentes". In: *Communications Surveys Tutorials, IEEE* 16.2 (2014), pp. 961-987.

[36] Christopher Trout. *O Android continua a ser o sistema operativo móvel dominante com mil milhões de utilizadores activos*. 2014. url: http : //www . engadget . com/2014/06/25/google- io-2014-by-the- numbers/ (visitado em 17/10/2014).

[37] Tao Wei et al. "Ataque direcionado do Sidewinder contra o Android na era de ouro das bibliotecas de anúncios". Em: Black Hat USA 2014. 2014.

[38] WMATA. Pagar o metro com o seu smartphone ou relógio? Os testes começam em breve. 2014. url: http : / / www . wmata . com / about _ metro / news / PressReleaseDetail . cfm? ReleaseID=5778 (visitado em 15/11/2014).

[39] Luyi Xing et al. "Upgrading Your Android, Elevating My Malware: Privilege Escalation Through Mobile OS Updating". Aceito para publicação nos anais da SP. 2014.

[40] S.Y. Yerima, S. Sezer e G. McWilliams. "Análise das abordagens baseadas na classificação Bayesiana para a deteção de malware para Android". Em: Segurança da Informação, IET 8.1 (2014), pp. 25-36.

[41] Yajin Zhou et al. "Hey, You, Get Off of My Market: Detectando aplicativos maliciosos em mercados oficiais e alternativos do Android". Em: Simpósio de Segurança de Redes e Sistemas Distribuídos (NDSS 2012), Actas do 19. 2012, pp. 1-13.

Printed by Books on Demand GmbH, Norderstedt / Germany